全民科学素质行动
计划纲要书系

少年科普热点

体育纵横

TIYU ZONGHENG

中国科学技术协会青少年科技中心　组织编写

科学普及出版社
·北　京·

图书在版编目（CIP）数据

体育纵横/中国科学技术协会青少年科技中心组织编写. —3 版.
—北京：科学普及出版社，2008
（少年科普热点）
ISBN 978 - 7 - 110 - 06351 - 4

Ⅰ. 体...　Ⅱ. 中...　Ⅲ. 体育—少年读物　Ⅳ. G8 - 49

中国版本图书馆 CIP 数据核字(2007)第 097814 号

科学普及出版社出版
北京市海淀区中关村南大街 16 号　邮编：100081
电话：010 - 62103210　传真：010 - 62183872
http://www.kjpbooks.com.cn
科学普及出版社发行部发行
北京国防印刷厂印刷
*
开本：850 毫米 × 1168 毫米　1/32　印张：7.75　字数：150 千字
2008 年 3 月第 3 版　2012 年 11 月第 4 次印刷
ISBN 978-7-110-06351-4/G · 2779
印数：14641 - 19640 册　定价：15.00 元

中国科学技术协会青少年科技中心组织编写

丛 书 主 编 黄明哲

丛书编写组 黄明哲 王 俊 魏小卫
陈 科 周智高 罗 曼
薛东阳 徐 凯 赵晨峰
郑军平 李 升 王文钢
王 刚 汪富亮 李永富
张继清 任旭刚 王云立
韩宝燕 陈 均 邱 鹏
李洪毅 刘晨光 农华西
邵显斌 王 飞 于保政
谢 刚 买乌拉江

策划编辑 肖 叶
责任编辑 郭 璟
封面设计 同 同
责任校对 王勤杰
责任印制 安利平
法律顾问 宋润君

目 录

第一篇 走进体育的世界

第二篇 体育中的科技

第三篇　体育锻炼与健身

第一篇

走进体育的世界

说到体育，大家都很熟悉。社会发展到今天，体育与教育、竞技、文化、卫生、健康、消遣、娱乐、医疗之间的关系变得越来越紧密。现代体育已经成为社会文明、科学进步和健康生活方式不可缺少的组成部分，还可能发展成为我们业余生活的第一需要呢。说了这么多体育的重要性，大家肯定想知道，世界上都有那些体育运动？各种各样的体育比赛是怎么来的呀？什么是奥运会？什么是世界锦标赛？带着这一系列的问题，让我们走进体育的世界。

什么是体育？

体育是为了锻炼身体，增强体质而进行的一种活动，它通常包括体育教育，竞技体育和身体锻炼。体育可以健身、可以教育人，具有军事方面的意义，还可以赚钱呢。

学生时代的体育课就是学校教育的组成部分,在课堂上,我们可以打篮球,踢足球,打乒乓球等,还可以举行拔河比赛,长跑比赛等。体育课可以使我们的身体健壮、体质加强,抵抗各种疾病,还能使我们德、智、体、美几方面都得到全面的发展。

竞技体育也叫竞技运动，就是我们看到的各种各样的比赛。这些比赛除了可以全面提高身体素质，更重要的是可以最大限度地挖掘体力、智力和运动才能。只有具备这些才能，才能取得优异的运动成绩。看过奥运会，大家可能还记得它的口号“更高、更快、更强”吧？竞技体育最重要的是公平比赛。

社会体育也叫大众体育，主要是指以健身、娱乐、休闲、医疗和康复为目的的体育

从小学开始重视的体育教育

运动。它的参与人数最多，是普及性的群众运动。和我们上体育课的目的一样，社会体育同样有锻炼身体、增强体质的作用。

当然健身是体育的首要功能，这在上面的介绍中已经说过了。体育课可以增强我们顽强的意志力，观看比赛可以激发我们的爱国热情，促使我们更好地学习和工作，这就是体育的教育功能；体育可以使我们享受生活，缓和我们的紧张情绪，当我们学习累的时候，和别人打一打乒乓球、篮球什么的，是不是感觉特别爽快？这就是体育的娱乐功

《体　育　颂》

现代奥运会的创始人顾拜旦曾经在他的名作《体育颂》中对体育的娱乐功能有过精彩的描述：“啊，体育，你就是乐趣！想起你，内心就充满欢喜；血液循环加速；思路更加开阔；条理更加清晰。你可以使忧伤的人散心解闷，你可以使快乐的人生活更加甜蜜！”

能；体育能使一个国家的士兵身体素质提高，适应各种各样的作战环境，使这个国家的军事实力加强，这就是体育的军事功能；体育还与经济联系紧密，与体育有关的产品已经形成十分庞大的产业，球星的收入动辄几百万、上千万，并且举办体育比赛还可以带来

攀岩运动

学校体育

巨额的广告收入。现在大家对体育的重要性有了进一步的认识了吧？

小问题

体育运动有几部分构成，体育的功能有哪些？

你知道多少世人瞩目的体育赛事？

说体育，道体育，最吸引人的还是那些世界性的比赛。在丰富的文化园地中，体育竞赛可谓是一朵艳丽无比的奇葩。通过欣赏体育比赛，我们可以从其展现的不断进取、追求完善的拼搏精神中，获得欢乐和美的享受，深刻体验人生价值和领悟许多人生哲理。

介绍大型体育竞赛，首先要提的就是奥运会，它的全称是奥林匹克运动会。现在人们通常说的奥运会指的是现代奥运会，但是你们知道古代奥运会吗？古代奥运会是希腊人民的伟大创举，也是人类文明与进步的巨大的文化源泉。据资料记载，到公元 394 年为止，它共举办过 293 届，每届奥运会都在能容纳 5 万观众的奥林匹亚运动场上举行。最初只有短跑一项比赛，后来逐渐增加了长跑、跳远、标枪、铁饼、角力、五项全能(赛跑、跳远、标枪、铁饼和角力)、拳击、赛马和赛车等运动项目。在运动会期间，不但有运动员之间的比赛，还安排有学者、诗

2004雅典奥运会开幕式

人、音乐家和艺术家的文艺会演。因此,古代奥运会有力地促进了体育、艺术的交流与发展,它给人类生活增添了优美绚丽的色彩。

古希腊的灭亡和强大的地震彻底埋葬了古代奥运会。直到1894年，由于英、法、德等国家一批学者的努力，才使沉睡一千多年的奥运会得以恢复。其中法国社会活动家、历史学家和教育家顾拜旦功不可没，被誉为“现代奥林匹克之父”。经过努力，1896年4月在希腊的雅典举行了第一届现代奥林匹克运动会。现代奥运会是声望最高、最庄严、最隆重的国际体育盛会，也是比赛规模最大、水平最高和影响最深渊的综合性运动会。奥运会的宗旨是：团结、和平、友谊，促进运动员的身体和精神的发展，增进运动员之间的相互了解和友谊，建立一个更加美好、和平的世界。

现代奥运会分为夏季奥运会和冬季奥运会，夏季奥运会每四年一届，到2004年已经举行到28届，第28届又回到希腊的雅典举办。冬季奥运会到2002年为止已经举办了19届。夏季奥运会和冬季奥运会的项目也是不

奥运会的圣火

观看过奥运会的人都会注意到，在开幕式上，有个点火仪式很是壮观，这圣火象征着团结、和平、友谊，它取自于奥运会的发源地奥林匹亚希腊女神赫拉庙前，然后火种由各个国家的运动员通过长跑一程又一程地向东道国传递。火种所到之处，当地成千上万的群众倾城相送，直到开幕式前一天送到举办城市。开幕式时，由东道国的著名运动员接最后一棒火种进入运动场，绕场一周，最后点燃高大雄伟的火炬塔的圣火，一直燃烧到运动会闭幕时熄灭。

1998年日本冬季奥运会的开幕式

同的，前者目前有26个项目，分别是田径、游泳、体操、足球、篮球、排球、曲棍球、举重、自行车、摔跤、柔道、射击、射箭、击剑、皮划艇、赛艇、帆船、马术、拳击、手球、现代五项、乒乓球、网球、垒球、棒球和羽毛球；冬季奥运会主要比赛项目是现代冬季两项（滑雪和射击）、滑雪、冰球、滑冰、雪橇和冰上舞蹈等。

锦标赛也是一类受人瞩目的重大赛事，

这是为了检查、总结某一运动项目的开展情况和教学训练的经验，通过确定冠军和名次，促使该项运动不断发展而举行的单项比赛，如欧洲足球锦标赛、戴维斯杯网球赛、世界羽毛球锦标赛、世界体操锦标赛、亚洲青年足球锦标赛等等，总之，几乎每个单项比赛项目都可以举行锦标赛。

除了上面介绍的几类世界性比赛之外，比较有影响力的还有世界大学生运动会，亚洲运动会等，我国也有全国运动会和全国大学生运动会等。

希腊——奥运会的故乡

2004 年雅典奥运会闭幕式

通过本节的阅读，请你说一说奥运会的宗旨是什么？夏季奥运会和冬季奥运会有那些不同？

田径比赛为什么吸引人？

田径比赛是体育运动的重头戏，所以说，介绍竞技体育，没有不介绍田径比赛的。田径包括竞走、赛跑、跳跃、投掷等各种各样的运动技能竞技项目，这些大概大家从现场或电视中都见过。从古希腊时代起，田径运动一直是奥运会所有比赛项目中最重要、最吸引人的部分。

通常认为的田径运动，最早产生在公元前 1829 年，在爱尔兰举行的格纳萨德竞技会上，就有了田径项目的比赛。但田径运动的真正形成，是在公元前 776 年第 1 届古代奥林匹克运动会上。

英国是现代田径运动的发源地。1825 年伦敦举行过两次业余赛跑。1837 年，在英国的伊顿公学首次举行了 100 码（1 码 = 0.9144 米）跨栏比赛，6 年后又增加了短跑和障碍跑比赛。1849 年，伍利奇皇家军校首次举行正规的田径运动会。1866 年，英格兰成立了业余田径俱乐部，并举办了第 1 届英格兰田径锦标赛。

某学校的田径场地

从1896年首届奥运会起，田径项目就成为比赛项目，1928年第9届奥运会开始设立女子田径项目。田径运动吸引人的地方就是它是对我们力量、速度、耐力和敏捷的检验，而这些素质对于其他竞技运动都具有重要的意义。你们知道吗，在历届奥运会上，田径运动是设项最多和奖牌最多的项目，在2000年第27届奥运会达到46项，因此人们常说，“得田径者得天下”。

田径运动包括径赛和田赛两部分，通常我们将以时间为单位计算成绩的项目叫“径赛”，跑和竞走等都属于这一类。而以远度和高度为计量单位的项目称为“田赛”，跳跃和投掷等项目均属此类。

古罗马奥运会已经体现在古代雕塑中

小知识

马拉松赛跑的来历

你知道马拉松赛跑是怎么来的吗？很多人都知道马拉松赛跑，它是一种超长距离的田径运动，运动员在比赛中需要跑完42.195千米的距离。很多人会感到奇怪：为什么要跑这么长的距离，而且刚好是42.195千米呢？

原来，这里面包含着一个非常动人的故事。传说公元前490年，希腊在马拉松河谷与波斯皇帝派来的大军展开了激烈的战斗，希腊军队在没有救兵的情况下，团结一心，运用正确的战术技巧，以少胜多，打败了波斯侵略军，取得了辉煌的胜利。当时担任传令兵的菲迪皮得斯奉命将这一胜利消息尽快告诉希腊居民，让受难同胞尽早分享胜利的喜悦。他顾不得路途遥远，一口气从马拉松跑到雅典，到达雅典时他已累得精疲力竭，只说一句“我们胜利了”就倒在地上，闭上了双眼。

后来，人们为了纪念这位勇敢的战士，便设立了一种长跑比赛，称为马拉松比赛。马拉松比赛的距离，接近昔日菲迪皮得斯所跑过的路线长度。

跑步是一项非常普及的运动

在奥运会上，田径项目分为竞走、赛跑、跳跃、投掷、全能5大类。竞走包括男子20千米、50千米，女子20千米，比赛通常在公路上进行。赛跑分为短跑、中跑、长跑、跨栏跑、接力跑、马拉松。跳跃项目包括男女跳高、男女跳远、男女三级跳远、男女撑杆跳高。投掷项目包括男女铅球、男女链球、男女标枪、男女铁饼。全能项目有男子十项全能、女子七项全能。

田径运动是比速度、比高度、比远度的项目，要求运动员在短时间内表现出最快的速度与最大的力量，或在较长时间内表现出持续运动的最强能力，运动强度大，比赛紧张激烈、竞争性非常强。运动员不仅要具备很高的身体、技术训练水平，还应该有献身精神、顽强的意志和高尚的道德品质。1912年国际田联正式承认并公布部分项目的世界纪录。根据国际田联竞赛规则规定，径赛项目的世界纪录必须在标准田径场内创造。标准田径场为长圆形田径场，周长400米，弯道半径约在36～38米之间，设有6～8条分道，每条分道宽1.22～1.25米。

第一届奥运会比赛场地

跳　远

通过阅读本节的内容，你知道标准田径场是什么样的了吗？

什么是测速类体育项目？

体育项目有各种各样的分类，首先向大家介绍的就是测速类体育项目，它是指由运动员或运动员操纵运动器械，按通过一定距离所需要的时间决定比赛名次。速度和耐力是提高运动员成绩的关键。田径比赛中的径赛项目都是测速类项目，这在上节中已经有所介绍，这一节主要介绍另外几种测速类体育项目。

游泳馆

国家游泳中心

游泳是伴随着人类文明最先发展起来的运动之一。早在五千多年前的中国古代陶器上，以及在古埃及的莎草纸古文献中就有过图案记载。当时的游泳可不是进行什么比赛，古代的人是为了生存，为了取得水中的食物，养活自己，才勇敢地跳到水中。但通过一次一次的实践，人们逐渐掌握了游泳的技能。1896年第一届奥林匹克运动会上，游泳就被列为竞赛项目。所以游泳是奥运会上最早的项目之一。1908年成立了国际游泳联合会，负责组织奥运会、世界锦标赛、世界杯赛、世界杯短池游泳系列赛等重大比赛。奥运会的游泳比赛项目分别为自由泳、蛙泳、仰泳、蝶泳、个人混合泳以及接力赛。目前运动员为不断提高运动成绩，在改进技术和增进体力的同时，还选择模仿海豚皮肤的游泳衣裤，

甚至采取剃光头发、除尽体毛等措施，细心的你在观看比赛时肯定会注意到这些情况。

生活在自行车的王国，大家肯定对自行车再熟悉不过了，可是有没有想到它也是一种重要的比赛项目呢？男女自行车运动分别于1896年第1届奥运会、1984年第23届奥运会开始列为奥运会比赛项目。当前自行车

索普的大脚有什么好处？

看过2000年悉尼奥运会和2004年雅典奥运会的人都知道，澳大利亚的游泳运动员索普，接连打破世界纪录。为什么他能取得这么好的成绩呢？这当然与他平时辛苦的训练分不开。同时，还因为索普有一种秘密武器——一双比别人大得多的大脚，据说他的大脚比一般人的脚要大出三分之一以上。

大家知道在游泳运动中，仅仅靠手向前划水是不够的，必须靠脚打水来增加身体的浮力和向前的力量。其方法就是用脚使劲往后面打水。如果运动员脚面比较大的话，每打一次水所产生的推力就会比普通人打水所产生的推力大得多。

自行车运动员

运动的竞赛活动分3大类，即公路自行车赛、赛场自行车赛、自行车越野赛。观赏赛场自行车比赛十分有趣，由于各种比赛方法都有特点，两人争先似游龙戏水，群雄追逐如狂飙卷地，因此竞争场面颇为壮观。

赛艇的比赛项目包括有：单桨和双桨，

有舵手和无舵手，个人与集体。2004年第28届奥运会赛艇比赛包括：男、女单人双桨，男、女双人单桨无舵手，男、女双人双桨，男、女八人单桨有舵手，男、女轻量级双人双桨，男子四人单桨无舵手，男子轻量级四人单桨无舵手共14个项目。比赛距离男子为2 000米，女子为1 000米。整个赛场犹如一个大游泳池，水深不少于2米。一般有6条直线航道，最多为8条航道，每条航道的宽度为12.5～15米。水线口每隔10～12米设有一个塑料

自行车越野赛

骑自行车旅游

浮标。从起航线起，中间每隔250米，应有不同颜色的浮标。赛艇比赛没有记录，以先到终点者为胜。观看赛艇比赛也是别有情趣的，当运动员随活动座板前俯后仰，并挥桨划破镜面般的湖水飞速前进时，谁不说它与大自然景观交相辉映产生的美感尽在其中呢？

小问题

通过本节的阅读，说一说什么叫测速类体育项目，都包括哪些项目？

冬季里也能进行测速类体育项目吗？

上面我们已经基本上了解了体育运动中的测速类体育项目，那么在寒冷的冬天，会有什么样的测速类体育项目呢？大家一定很想知道吧，那好，就让我们一起走进“冰雪”的世界吧。

速度滑冰是典型的冬季里的测速类体育项目，它是运动员足蹬冰鞋，在冰面跑道上滑行竞速的运动项目。它也是一项古老的冬

滑冰馆

季运动。远古时期生活在寒冷地带的人们便已掌握将木头或兽骨系在鞋上在冰封的湖泊上滑行的技巧。约在 8 ~ 10 世纪，瑞典人开始使用骨制冰刀，后不断改进为木制、铁制，最后为现代所使用的钢制冰刀。1250 年左右，荷兰盛行使用固定在木板上的铁制的冰刀。1572 年苏格兰制造出第一双全铁式冰刀，标志着现代滑冰运动的开始。

速度滑冰的重大体育赛事有哪些？

速度滑冰的重大国际比赛多数由国际滑冰联盟或国际奥林匹克委员会举办，主要有世界男子、女子速度滑冰锦标赛；世界男女短距离速度滑冰锦标赛；世界青少年速度滑冰锦标赛；世界短跑道速度滑冰锦标赛；欧洲男子、女子速度滑冰锦标赛和冬季奥林匹克运动会速度滑冰比赛。中国速度滑冰的全国性比赛有全国冰上运动会、全国优秀运动员测验赛和一级健将级速滑赛、全国速度滑冰比赛、全国速度滑冰冠军赛、全国少年速滑赛和全国短距离速滑赛。

短道速滑比赛

速度滑冰是滑冰中最早出现的运动项目。17世纪开始，速度滑冰逐渐演变为体育竞赛的一种形式。1850年钢制冰刀问世，后来俄国人发明将冰刀用螺钉固定在鞋底上，1902年挪威人A. 鲍尔森和H. 哈根发明长而锋利的速滑刀等，都对速滑运动的发展起了重要的推动作用。

速滑装备包括冰刀、冰鞋和比赛服。冰刀由刀刃、刀身管、前小刀托、前大刀托、前托盘、后刀托和后托盘等部分组成。现代高级速滑刀刃多用优质高碳钢制成，其他部分用轻合金制作。比赛服均为尼龙紧身运动服和连衣服。连衣服将帽子、上衣、裤子、袜子连成一体，具有轻便、紧身、阻力小、动作灵活等特点，称为“五连服”。标准速度滑冰竞赛跑道最大周长为400米，最小为333.33米，内弯道半径不能小于25米或大于26米，每条跑道宽5米，最窄4米。短跑道速度滑冰跑道周长111.12米，内弯道半径8.25米，直道长128.07米。

冬季测速类项目除了速度滑冰，还有越野滑雪。越野滑雪是冬季奥运会所设的项目，包括男子15千米、30千米、50千米和4×10

短道速滑

速　滑

单板速降

千米接力，女子5千米、10千米和3×5千米接力。在越野滑雪中，由于雪道崎岖不平并且滑行距离较长，运动员脚踩滑雪板、手持雪杖穿梭滑行于山丘雪原，通常要以不同的

双板滑雪

滑雪运动

滑行技术合理分配体力，因而可以使我们从中体验高超技术和充沛体力的完美结合，并尽情享受大自然景色赋予的美感。

通过本节的阅读，你对冬季的测速类体育项目有多少了解呢?

什么是评分类体育项目？

评分类体育项目包括竞技体操、艺术体操、竞技健美操、技巧、健美、跳水、花样滑冰、花样游泳等，它们通常是一连串的动作组合，具有空间运动、动静变幻、神形兼备的特点；欣赏这类项目，可以从中领悟到刚柔相济的美感以及蕴涵于风姿绰约中的内在魅力。

竞技体操包括男子自由体操、鞍马、吊

健美比赛

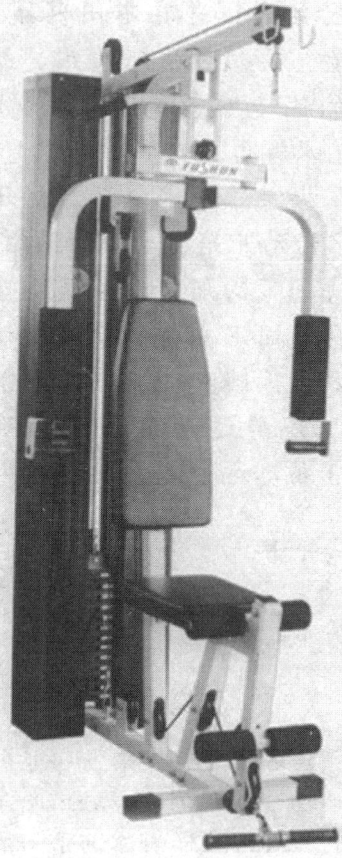

健美训练器械

环、跳马、双杠、单杠六个单项；女子跳马、高低杠、平衡木、自由体操四个单项。在竞技体操比赛中，运动员利用各种平衡、跳跃、空翻、摆动、屈伸、转体、回环、腾越、支撑、倒立等基本动作，按规定和自选编排原则进行组合，并在不同器械上完成，充分体现力量、柔韧与技巧的完美结合，把人体在空间的优美姿态和造型展现给我们，具有独特的艺术魅力。

人类在掌握游泳技术以后，就开始了跳水活动。跳水活动开始在斯堪的纳维亚半岛、地中海、红海一带的船工和渔民中盛行，17世纪发展为具有固定支撑的悬崖跳水。近代跳水运动起源于德国和瑞典。在1900年第2届奥运会上，瑞典运动员表演了跳水。从1904年的第3届奥运会起，跳水被列为正式

“陈露时代”

1996年2月，第三届亚洲冬季运动会在我国北方城市哈尔滨举行，我国花样滑冰选手一展风采。在花样滑冰4个项目中，中国队获男单、女单、双人3枚金牌，优势明显，男单包揽前3名。女单选手陈露以古典的“东方美”开辟了一个“陈露时代”。

艺术体操

竞赛项目。在1912年第5届奥运会上，开始有女子跳水比赛项目。

跳水运动包括有跳板跳水（1米、3米）和跳台跳水（5米、7.50米、10米）。无论是跳板跳水还是跳台跳水，运动员走板走台

跳 水

的姿势是否线直头正，轻松自信；起跳是否准确果断，有适当的高度和合理的角度；空中动作是否舒展优美，动作连接是否紧凑协调，翻转是否快速准确；是否身体垂直，脚尖绷直和水花很小。这些都是非常重要的，尤其是“压水花”技术，这是得高分的关键所在。

花样游泳起源于20世纪30年代欧洲的德国、英国等地，后传入加拿大和美国。1920年现代花样游泳的鼻祖K. 考特斯从跳水和体操的翻滚中得到启发，创编了在水中做各种花样图案供人欣赏的水中芭蕾。1937年考特斯组建第一所花样游泳俱乐部，并在大学举办比赛。

花样游泳又称作水上芭蕾，是一个集游泳、技巧、舞蹈、音乐于一体的水上运动项目。它是在游泳的基础上，编排出具有独特形式的动作，并使之和音乐的节奏、旋律协调一致。目前该项目仅限于女子参加。

花样游泳

17世纪，一些人开始追求滑冰的优美姿势，以舞蹈动作在冰上滑行，后逐步形成花样滑冰。1860年，美国芭蕾舞表演艺术家J.海因斯把滑冰与舞蹈揉为一体，在欧洲巡回表演期间，他的冰上配乐舞蹈，以其敏捷的步伐和优美的舞姿以及独创的蹲踞旋转轰动了欧洲，大大促进了花样滑冰的发展。花样滑冰的冰鞋用优质牛皮制成，高腰高跟硬底，男子鞋为黑色，女子鞋为白色。冰刀固定在鞋底上，冰刀较矮，刀身有一定弧度，刃较厚，呈浅“凹”沟形，沟两边刃锋利，既便于滑行又能使冰刀在冰面上留下清晰的图案。花样滑冰包括单人滑、双人滑和冰上舞蹈三个比赛项目。

小问题

竞技体操的男女项目分别包括那些单项？

什么是得分类球类运动?

得分类项目是根据规则按每局得分达到规定数目确定比赛胜负的项目，包括乒乓球、羽毛球、网球和排球等。比赛时，双方各占场地一方，隔网相对，运动员在重新发球或接发球间歇中有较充裕的时间思考，充分反映了运动员的想像力、创造性和心理自制能力。

我国最早的乒乓球游戏是在清初我国

沙滩排球

盖斯特杯

云南、四川交界地区，在苗族群众中曾盛行过一种叫“臭桔子”的游戏。人们用晒干的桔子当作球，手握长柄木制球拍，在门板或床板上打来打去。到了清末，在珠江流域，又发展了这种游戏。将猪尿泡吹气为球状，用木拍打起来就更有趣。应该说，这已经是很类似乒乓球的游戏了。现代的乒乓球是由网球派生而来的一项小型球类运动，它的英

文名字是 table tennis，意思就是“桌上网球”，因为打的时候“乒乓乒乓”地响，所以也称为乒乓球。在 1988 年的第 24 届奥运会上，乒乓球被正式列为奥运比赛项目。乒乓球比赛 7 个项目都有专门的奖杯，男子团体冠军杯叫斯韦思林杯，女子团体冠军杯叫马赛尔·考比伦杯，男子单打比赛叫圣·勃莱德杯，女子单打冠军杯叫吉·盖斯特杯，男

小知识

沙滩排球

沙滩排球也是排球项目之一，起源于美国。20 世纪 40 年代，加利福尼亚北海湾的救生员在海滩上竖起两根木桩，拉上一面绳网打排球。后传入巴西、意大利、澳大利亚、墨西哥、法国等国家，20 世纪 70 年代逐渐在日本等亚洲国家以及地中海沿岸国家和地区广泛开展。1976 年美国在加利福尼亚的帕里塞德斯海滩举行世界沙滩排球史上的首次正式比赛。1979 年出现职业沙滩排球锦标赛。1996 年第 26 届奥运会开始被列为比赛项目。

羽 毛 球

子双打冠军杯叫伊朗杯，女子双打冠军杯叫波普杯，男女混合双打冠军杯叫做赫杜塞克杯。这7个杯都是流动的，获胜者只在奖杯上刻上自己的名字，将奖杯保留到下届世乒赛前，在新一届比赛开始前必须交出。

大家大概都见过羽毛球，两个人拿着球拍，把羽毛球打给对方，羽毛球在空中飞来飞去，就像小燕子一般，所以有“空中飞燕”的美誉。但是你们知道羽毛球的历史吗？现代羽毛球运动起源于印度，形成于英国。19世纪60年代，一批退役的英国军官把印度的“普那”—— 一种类似羽毛球运动的游戏带回英国，加以改进，成为

现代羽毛球运动。羽毛球是人们锻炼身体的重要手段，也是世界各地频频举行比赛的体育运动之一。

排球运动源于美国，由美国人威廉·摩根于1895年创造的一种游戏，英文名字为Volley ball，意为“空中飞球”，1905年传入中国。当时每队为16人，四人一排，故名排球，后历经演变，先后改为每队12人和每队9人，1918年国际上出现6人排球。1947年成立国际排球联合会，总部设在巴黎。1949年举行了第一届世界男子排球锦标赛，1952年举行女子排球锦标赛，此后每4年举行一次，1964年第18届奥运会将排球列为正式比赛项目。在排球比赛中，我们可以看到运动员发球、传球、垫球、扣球、拦网，

雅典奥运会排球场馆

在千变万化中表现出精湛的技艺、巧妙配合、战术意识、机智勇敢和顽强拼搏的精神。

网球源于西方。据传13世纪时兴于法国，尔后传入英国。到了16、17世纪，在西欧已经流行，18世纪传入美国。现代网球使用的球、球拍、球网、服装和它的一套练习方法及比赛规则等形成于19世纪，此时网球已在全世界盛行。19世纪中叶，我国在鸦片战争后陆续开放了一些沿海通

沙滩排球

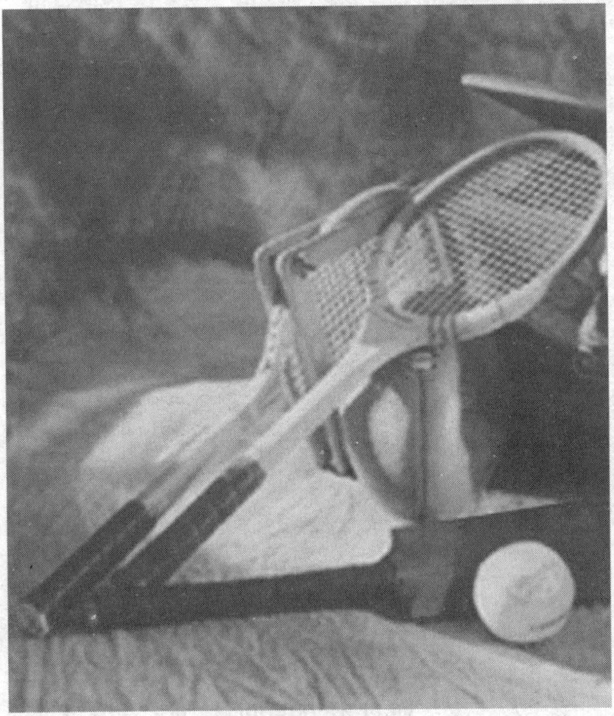

网球是一项高雅的运动

商口岸，西方的官员、商人、传教士和驻军络绎而至，网球运动由他们带进中国。网球是一项高雅的运动，运动员通过抽击球、切削球、截击球、高压球、挑高球、反弹球、放短球等基本技术，体现了在接发球战术、上网战术和底线战术的灵活应用的能力。

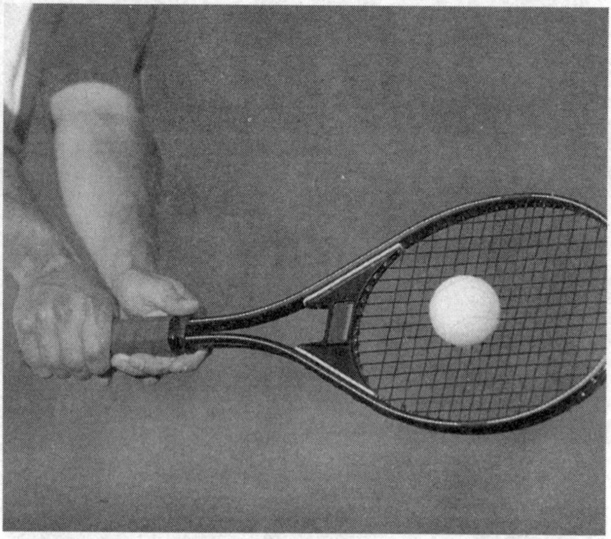

网球运动

通过本节的阅读，说一说最早的乒乓球是什么样的？为什么羽毛球被称作是“空中飞燕”呢？

你了解足球的历史吗？

肯定有许多人希望成为一名足球运动员，去体会赛场上的快速奔跑、长传急攻、短传配合、飞身铲断、鱼跃冲顶、临门一脚、凌空扑救等高超技艺，这是多么令人心醉的情景呀！足球就是通常说的设防型的命中类体育运动之一，除它之外，还有篮球、手球、水球、冰球、曲棍球等，它们共同的

足　球

足球比赛

特点是以命中目标数确定比赛成绩，运动员通常按技术规范和事先布置的战术，在规则的严格控制下参与比赛。为了取得比赛的胜利，不但需要运动员有良好的技术和持久的体力，更重要的是勇敢顽强、集体配合和战术意识。

在众多体育项目当中，备受人们关注的恐怕要数足球了，因此足球有“世界第一运动”的称号。足球运动的魅力，是任何其它体育项目难以比拟的，它最富有代表性地体现一个国家、一个民族的文化素养和精神风貌。那么，你们了解足球运动的历史吗？就让我们一起来回顾一下吧。

足 球

我国历史悠久，也是足球运动的发祥地。据记载，足球起源于我国战国时期，当时被人们称之为“蹴鞠”、“蹴鞬”等。在我国宋代，足球运动是备受世人推崇的，当时上至朝廷，下至民间，处处都有人在踢足球，虽然当时的名字和规则都和现在不一样。更有甚者，足球踢得好了还能受到皇帝的重视，还能做到高官，《水浒传》里的高俅这个大奸臣就是一个很好的足球运动员呢。但是宋朝以后，我国的足球运动并没有取得很大的发

足球王国

巴西是世界上足球最普及的国家。全国有两万个俱乐部，11.3万名球员，平均10个人当中就有一名足球运动员。足球是巴西的国球。对巴西人来说，不一定清楚历届总统是谁，可是男女老少没有一个不知道球王贝利的。球迷们对贝利推崇至极，他的球衣、球鞋都是人们追逐的目标。2002年韩日世界杯上，巴西第五次获得世界杯足球赛冠军。

足球运动从娃娃抓起

展，直到现代的足球运动传入我国。

现代足球运动于 1863 年起源于英国，1900 年被列为奥运会比赛项目。1904 年成立国际足球联合会，1930 年开始举办世界足球锦标赛（又称世界杯足球赛），每四年举办一届。奥运会足球赛和世界杯足球赛至今仍是规模最大的世界性比赛。

世界杯足球赛是当今的热门话题，它是国际足坛上规模最大、水平最高的足球比赛。世界杯肯定有个奖杯，1970 年，巴西三次夺冠之后，就永远占有了奖杯——雷米特杯，这之后，意大利人加扎尼亚重新设计了一个，造型是两个大力士双手高举一个地球，象征着体育比赛的威力与规模，它由纯金制成，重 5 千克，命名为“国际足联世界杯”，这次规定它不能为哪个国家永远占有，只能保留到下次世界杯比赛开始之前。

你知道足球在我国最早被叫做什么名字吗？

你知道篮球为什么叫“篮”球吗？

众所周知，篮球是很多人都喜欢的运动项目之一。它不仅能引起参加者的兴趣，还对锻炼人的身体素质有积极作用。可是大家知道篮球为什么叫“篮”球吗？

篮 球

篮球场

传说篮球是在1891年，由美国马萨诸塞州斯普林菲尔德基督教青年会学校的一个叫史密斯的教师所创。他在课堂上给学生们发明了这样一种游戏：他将两只装桃子的篮子分别装在健身房两端的栏杆上，然后，他让分成两队的学生分别向对方桃篮内扔橄榄球，谁扔进得多谁就获胜。当时，因为桃篮有底，所以就在两只桃篮旁边各放了一个梯子，每次投中后由人爬上梯子，将球取出后再继续比赛。后来，他将这种游戏加以改进，将桃篮的底部去掉。因为桃篮没底，当球被掷进桃篮内时会掉下来，双方队员可以不耽搁时间而接着比赛。在比赛过程中，队员们先争抢球，再以传递或运球的方式将球送到对方的桃篮下面，并设法将球掷进桃篮内。但是用桃篮还存在一个问题，就是桃篮很容易被损坏，人们往往需要在一场比赛的中间更换桃篮，这让人感到非常麻烦。于是，人们想出了一个办法，将桃篮换成了铁圈，再挂上线网，这就使得它看起来既像桃篮，又比

篮 筐

篮球飞人

迈克尔·乔丹 —— 他可以算是 NBA 历史上最耀眼的巨星了，人们用这样的语言来描述他："在空中他是一个飞人，在地板上他又是一个巨人。"他 5 次荣获 NBA"最有价值球员"称号，10 次入选 NBA"最佳阵容"，是"NBA 历史上最伟大的 50 名球员"之一，曾率领芝加哥公牛队夺得 6 次 NBA 总决赛冠军，12 次参加 NBA"全明星大赛"，3 次荣获全明星大赛"最有价值球员"称号。

较结实。因为这种游戏的球篮像篮筐，人们便将这种球类运动称为"篮球"。

可以说，这便是现代篮球的雏形。自从篮球成为一项体育运动以来，就受到人们普遍的喜爱，正如几年前国际篮联秘书长斯坦克维奇在布宜诺斯艾利斯代表大会上所说的"现代篮球运动正朝着下一世纪世界第一运动的目标发展。"1936 年第 11 届奥运会上第一次将男子篮球列为比赛项目，从此以后，篮球就成为各种比赛大家庭中必不可少的一员。

目前世界上主要的篮球赛事有以下几种：奥运会篮球比赛、世界篮球锦标赛、NBA 等，在我国最重要的便是 CBA 了。

1949 年夏，美国 6 支国家篮球联盟（NBL）队伍并入了美洲篮球协会（BAA），新成立的联盟改名为国家篮球协会，这就是后来誉满全球、令球迷们如痴如醉的 NBA。

篮球运动是 1896 年前后由天津中华基督教青年会传入中国的，随后在北京、上海基督教青年会里也有了此项活动。在 1910 年的全运会上举行了男子篮球表演赛之后，篮球活动在全国各大城市的大、中学校便逐渐开展起来，其中以天津、北京、上海开展得较好，水平也较高。当时的比赛规则很简

群众篮球比赛很普及

跳跃投篮

单，在球场中间画一个直径约有1米的中圈，中锋队员跳球时一只手必须置于背后腰部，任何一足不得踏出圈外。技术也简单，中圈跳球后，谁接到球就自己运球，超过防守人就投篮。当时只会直线运球前进，传球方法是单、双手胸前传球，跑动投篮是用单手低手上篮，立定投篮无论远近都是用双手腹前低手投篮。

小问题

通过本节的介绍，大家知道篮球运动最早是在哪里产生的吗？

你知道还有哪些设防型的体育活动吗？

除了足球和篮球以外，设防型的命中类体育项目还有手球、水球、冰球、曲棍球等，那么大家对这些球类运动有多少了解呢？就让我们一起来看一下吧。

冰　球

小知识

水球运动

20世纪20年代中期，水球由欧美传入香港和广东及沿海城市。香港水球队常到广州表演和比赛，使水球运动在中国得到了传播。1931年第5届广东省水上运动会曾设立水球比赛项目，这是中国最早举行的正式水球比赛。1942年在延安举行的“九一”扩大运动会上，也曾设水球项目。1948年在旧中国第7届运动会上，水球被列为表演项目。解放后水球运动受到了国家应有的重视。广大教练员和运动员，在吸取国外高水平国家的先进技术的同时，结合自己的特点初步形成了快速反击、轮流切入的打法，使运动水平得到了显著的提高。

手球是一种兼有篮球和足球特点的球类运动。1898年丹麦的体育教师H. 尼鲁森在11人制手球的基础上创始7人制手球运动。1906年丹麦出版了尼鲁森制定的比赛规则。许多开展手球运动的国家都尊称尼鲁森为“手球之父”。手球在1936年第11届奥运会开始被列为比赛项目。后被取消，又在1972年第20届奥运会上恢复。女子手球于1976年第 21 届奥运会被列为正式比赛项目。

当手球在水中进行比赛时，就成了水球，所以称水球比赛为碧波中的手球大战。水球技术包括游泳技术、掌握球技术和守门员技术。游泳技术包括自由泳、仰泳、蛙泳

激烈的手球比赛

中国国家曲棍球场

和侧泳等。抬头自由泳和踩水则是水球运动员的专项技术。水球运动起源于19世纪60年代的英国。1879年出现了非正式的比赛，1900年在法国巴黎举行的第2届奥运会上，水球被列为正式比赛项目。国际水球联合会每四年举办一届世界水球锦标赛。两年举办一届世界杯水球赛。

曲棍球使用带有弯头的曲棍控制球，将球射入对方球门得分的球类运动。曲棍球历史悠久，在古埃及的墓葬和建筑物浮雕上都发现过类似曲棍球运动的图像。中国古代也有关于曲棍球活动的记载，唐代称为“步打球”，北宋称为“步击”。19世纪下半叶现代曲棍球起源于英国。1861年英国出现第一个曲棍球俱乐部，这是世界上最早的曲棍球组织。

冰球运动是深受广大群众喜爱的冬季体育项目之一。冰球运动是快速多变的滑冰技艺和敏捷娴熟的曲棍技巧相结合、对抗性较强的集体项目。冰球运动起源于加拿大。19世纪初，一位留学美国的加拿大学生乌·罗伯逊，根据在英国了解到的曲棍球结合本国印第安人的“拉克罗斯”球的特点，把球制成扁平形，对球队的人数及使用的曲棍球进行了改革，创立了这种新型的冰上运动项

冰球比赛

激烈的冰球比赛

目。为此，原始的冰球也被称为“加拿大球”。1920 年第 7 届奥运会上，冰球被列为首届冬奥会的正式比赛项目。

通过以上的介绍，你能够说出几种设防型的命中类体育活动呢？

什么是无设防型命中类项目？

上面我们介绍了设防型的命中类体育项目，那么，大家一定会问：有没有不设防的体育项目啊？答案当然是有的啦，射击和射箭就是典型的无设防型命中类体育项目。特别是男孩子们，或许小时候都玩过玩具手枪或是弓箭吧，这就是最简单的射击和射箭。但这类运动是如何引入体育比赛的呢？就让我们来共同了解一下它们的产生历史吧。

射　箭

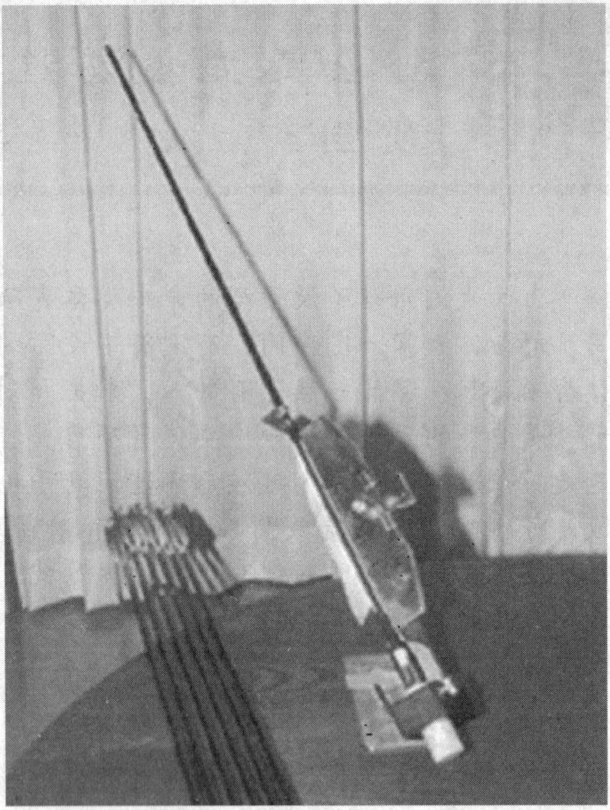

弓 箭

射击和射箭有个共同的特点，就是在无人防守、无干扰情况下，运动员凭借个人技术和体力优势，以命中目标多少计算成绩，一般都是单兵作战。运动员表面看起来很轻松，但内心高度紧张。无论射击和射箭，沉着冷静、耐心细致、意念集中是取胜的关键。

近代射击运动是从军用射击和狩猎射击演变而来。早在15世纪，瑞士就举办过一次火绳枪的射击比赛。随着科学技术的发展，枪也从前装枪发展到后装枪，从军用枪支到专供射击运动的各类枪支。射击精确度的提高，为开展射击运动创造了良好的条件。射击项目按其使用的枪支和射击方法不同分为步枪射击、手枪射击、移动靶射击和飞碟射击4大类型，各种类型又可按枪支的规格、射击姿势、射击距离、射击方法和目标种类的不同，分为更多的项目。

小知识

中国男子射击运动员许海峰

许海峰，中国男子射击运动员。1984年在第23届奥运会中，以566环的成绩夺得自选手枪慢射冠军，成为那届奥运会第一枚金牌获得者。这也是奥运会历史上中国运动员夺得的第一枚金牌。在1986年的第10届亚运会中，他又以660环的成绩夺得自选手枪慢射冠军，并创世界纪录。

飞碟射击

射箭是利用弓箭比赛射准靶子的一项体育运动。1900 年第 2 届奥运会开始列为正式比赛项目，女子项目曾列入 1904 年第 3 届奥运会比赛，后被取消，1972 年第 20 届奥运会恢复。射箭是一项古老的技艺。火器发明以前，弓箭不仅是狩猎的工具，而且也是作战的有力武器。随着火器的发明，这种原始生产和作战的工具逐渐失去原有的实用意义，而渗入了不少体育运动因素。射箭的比赛场地必须平坦，南北长 130 米左右，宽约 150 米。弓由弓把、弓面及一对顶端带环扣的弹性弓翼组成，弓弦可用涤纶或其他材料制作。

箭包括箭头、箭杆、箭扣和箭羽，制作材料不限。靶可以用纸、布等材料制作，上有黄、红、蓝、黑、白5个等宽同心圆区，靶心最高环数为10环。以射中环数总和计成绩，环数多者名次靠前。

射击运动员

女子射击项目

通过本节的阅读，请你说一说射击项目共有哪几种类型？

什么是制胜类体育项目？

大家在电视中可能会经常见到拳击的场面，对于他们决定成绩的方法可能不太懂。拳击和摔跤、柔道一样都属于制胜类体育项目，他们共同的特点是决定成绩的方法比较

拳击比赛

第13届拳击比赛世锦赛主场馆——绵阳体育馆

特殊，它既包含命中对方得分的因素，又可以直接制服对手而获胜。

大家会经常在电视或电影中看到拳击运动，两个运动员带着手套猛烈地向对方攻击，直到打倒对方为止，简直是刺激极了。拳击是对抗性很强的竞技运动。比赛时两名运动员手戴拳套在规则的限制下，用拳互相攻击和自卫，以击倒对方或者得分多者获胜。1904 年第 3 届奥运会开始列为比赛项目。

拳击起源于古希腊和古罗马时期的角斗。公元前 688 年第 23 届古代奥运会已有拳击比赛，第 41 届古代奥运会还增加了少年拳击项目。中世纪伦敦兴起过有奖拳击赛。英格兰拳击家J. 布劳顿为拳击运动制定了规则，该规则直到1839年才由伦敦职业拳击协会比赛规则所取代。1867年英格兰业余体育俱乐部成员J.G. 钱伯斯提出新的拳击规则，

小知识

拳击比赛中运动员为什么要戴拳击手套？

据说在罗马帝国时期，奴隶主为了寻求欢乐，就强迫他们的奴隶在圆形广场上进行你死我活的残酷拳斗。早期的拳击比赛非常野蛮凶狠，拳击手根本不戴拳击手套，而且比赛没有限制时间，直到一方被打死或丧失还手能力为止。这样，惨不忍睹的流血事件经常发生。

后来，为了既保留拳击这种运动形式，又能保护运动员少受伤害，英国著名拳击家杰克·布劳顿为拳击比赛制定了一套比较文明的规则，并设计了用于比赛的拳击手套。拳击手套用柔韧、光滑、细腻的上等羊皮制成，内中衬垫富有弹性的羊毛、兔毛及棉花，拳套颜色为棕色或红色。拳击手套既可以保护运动员的手免受碰撞时的伤害，又可以减少对对方身体的过分伤害。

拳 击

因受昆斯伯里侯爵赞助出版，后来被称为昆斯伯里规则。1888 年美国业余体育联盟成立，同年决定每年举办拳击锦标赛。1923 年《芝加哥论坛报》主办了名为“金拳套”的业余拳击比赛。拳击比赛有职业拳击赛和业余拳击赛之分。

说起摔跤，大家肯定最熟悉了，并且小时候为了比赛谁的力气大，就会摔起来。但是，正式比赛还有很多规定，它是两人徒手较量，力求把对方摔倒的一项竞技运动。分古典式摔跤和自由式摔跤，分别于 1896 年第 1 届奥运会和 1904 年第 3 届奥运会列为正式比赛项目。摔跤运动历史悠久，在古代奥运会就是最受欢迎的竞技项目。当是许多著名的哲学家、诗人、国务活动家以及军队的统

帅，多是摔跤比赛的参加者。如大哲学家柏拉图就是当时闻名的摔跤能手。

古代摔跤多为裸体进行，有的仅系一条腰带。当时摔跤比赛除了摔之外还可以拳打脚踢，使用反关节动作，往往引起流血事件。随着技术和规则的不断改进，摔跤运动也逐渐趋向安全。

柔道发源于日本，属于摔跤型的一种徒手竞技运动。男女柔道分别于 1964 年第 18 届奥运会、1992 年第 25 届奥运会开始列为比赛项目。世界各地从事柔道运动的人正在不断扩大，新生的优秀柔道运动员不断涌现，到目前为止加盟世界柔道联合会的柔道

摔 跤

组织已达 177 个之多，柔道已经成为一项比较普及的体育运动项目。柔道有两种有相当差别的风格：日本柔道技术细腻、灵活、准确，与中国、韩国等形成亚洲风格。俄罗斯、法国、英国、荷兰、德国等国家将桑勃摔跤、古典式摔跤、自由式摔跤以及各种民族形式的摔跤技法和训练方法运用到柔道，形成粗犷、有力、积极、主动的欧洲风格。

拳击是由什么演化而来的？柔道发源于哪个国家？有哪两种不同的风格？

第二篇

体育中的科技

北京奥运场馆是怎样运用高科技的？

说起体育馆，很多人都去过。体育馆中可以举办很多活动，比如各类文艺演出、大型体育比赛、集会、大型展览等等，一般都可以容纳好几万名观众。有的体育馆还附设有游泳馆、羽毛球馆，排球馆、室外网球场、室外篮球场和健身广场等，可以满足人们多种健身的需求。但是今天给大家介绍的不是体育馆的用处，而是北京2008年奥运会的体育馆设计中隐含的科技内容。

2008北京奥运会主会场效果图

北京奥运体育馆（模型）

大家知道北京申办2008年奥运会的主题吗？那就是“人文奥运”、“绿色奥运”和“科技奥运”，这里介绍的就是科技奥运。也许有人会觉得，哇，科技奥运，肯定很深奥难懂吧？实际上体验“科技奥运”并不是一件难事。走进改建后的首都体育馆，眼睛看到的东西，手摸到的东西，处处都体现着“科技奥运”的精神。

作为北京申奥场馆建设的环保示范工程，如今的首都体育馆明亮鲜艳，馆内已经被纳米技术材料整修一新。涂了一层纳米涂料的天花板吸声而不变形，墙壁不沾水和油；采用了纳米塑料的门窗和排污管道更耐磨耐腐蚀；在吸烟室里，人们吐出的烟雾被纳米空气净化器吸收并分解成无害气体……奥运会是竞技体坛的顶尖盛会，同时也是尖端科技一展身手的舞台，纳米技术——这一20世纪90年代刚刚诞生的学科，已经从实验室蓝图落实到北京申奥的具体行动中。

“科技奥运”的含义包括在奥运场馆设计中注入高科技的内容，如数字化宽带通讯、

日本札幌的日韩世界杯场馆

在日本的札幌，坐落着2002年日韩世界杯场馆——Doom。远看这个体育馆的外形就像是一顶巨大的贝雷帽。高达60米的馆内能容纳4.3万余名观众，可进行足球和棒球比赛。最神奇之处莫过于养护于馆外的天然草坪，当进行足球赛时，只需将草下的气垫充气，用滑轮就能将整块草坪移入室内。其中就运用了新的科学技术。

2008北京奥运会体育馆

电子信息等计算机技术，使奥运比赛场馆更加现代化。此外，科技奥运还包括建筑节能、节水技术和太阳能的广泛采用，新型建材以及电子信息处理系统在场馆的规划设计中也将得到体现。

同时，智能化概念也融入到北京奥运场馆的设计之中，比如，2008年在北京举办的奥运会上，每个记者席上都将有一台与国际互联网相通的电脑用来传发稿件、查询信息，能够保证赛场上的各种情况及时传向世界各地。

在北京奥运体育馆中，还有一系列太阳能环保产品，如采光一天就能连续工作三天的照明灯，通过太阳能提供电源的电话亭，利用太阳能抽取地下水灌溉绿地的扬水系统等。

在体育馆里，电视大屏幕将比赛技术统计及各种背景资料滚动播出，而太阳能则是场馆的电力来源；人们还可以通过体育馆里的触摸式电脑随时了解本届奥运会的各项信息。

高科技体育馆，处处都会体现高科技的内容。其中厕所的设计也与众不同，比如北京工人体育场，在和煦的阳光下，路边矗立着一座座小巧玲珑的太阳能生态厕所。据有关设计人员介绍，这种厕所节水节能、卫生舒适，顶部的太阳能电池板可以提供1 000瓦的电量，充分保证了照明、动力和室外灯厢广告的用电；室内核心部分是一个免水冲卫

高科技是奥运会的新亮点

太阳能发电场

生厕具，上面蒙着一层经微生物作用可降解的薄膜，它的作用就是使排泄物经处理后能直接成为复合有机肥料。

通过本节的阅读，说一说纳米技术运用在体育馆的建设中都有哪些好处？

SHAONIAN KEPU REDIAN

高科技在赛跑运动中有哪些应用？

田径运动的发展是一个不断创新、进步的过程，从生活技能及游戏活动逐渐发展成为体育运动，并在技术、战术不断演变的过程中发展成为现代的高水平竞技运动，里面有着越来越多的高科技含量。特别是在当今激烈角逐、高强度对抗的田径赛场，高新科技不断地为运动健儿们提供“秘密武器”，并由此推动田径运动的发展。在此将介绍

跑　道

路　标

田径运动中的赛跑运动的一些高科技的应用，读者将进一步体会到高科技的魅力。

电脑是现代生活中不可缺少的工具，它可以帮助我们干很多事情，比如我们用它来写作业，给朋友发信件，和朋友聊天，还可以玩游戏等等。但是你们知道它在赛跑中的用处吗？现在科学家们运用电脑进行技术诊断，能迅速纠正运动员的错误动作，从而可以帮助运动员取得优异成绩，而且这只是它的一部分用处。

美国田径飞人卡尔·刘易斯的优异成绩，就曾得到过电脑的帮助。他曾经用电脑进行技术诊断，确定了跳远起跳前最后4步的距离，从而在实际比赛中获得了优异的成绩。

高科技对短跑运动产生了很重要的影响，例如，科学家们对短跑比赛和训练所用的材料和器械进行了研究和改进，这样，运动员们就可以更好地发挥水平了。一般我们上体育课，都是在草皮、泥土等铺设的跑道上进行，但是今天的比赛场上却不同了，因为科

短跑运动

小知识

神奇的“水晶跑鞋”

奥运百米“女飞人”、美国运动员玛丽安·琼斯比赛时用的是一种新式跑鞋。这种奇特的跑鞋是根据她跑步时脚后跟从不接触跑道的特点而设计的。它只有前半截，没有后半截，总重量只有99克，是有史以来最轻的运动鞋，由极其昂贵的高科技透明塑料制成。人们称之为“水晶跑鞋”。

学家们已经研制成功一种带有弹性的综合材料，用这种材料铺设的跑道具有良好的弹性，很结实，有渗透性和更强的抗磨损性。

在体育课上，我们的体育老师肯定讲过，为了训练跨步频率，形成更有利于跑动的姿势，并增加肌肉的强度和耐性，借助训练器械是必不可少的。现在，运动员所采用的新的训练器械中有一种带计量器的踏板和

起跑线

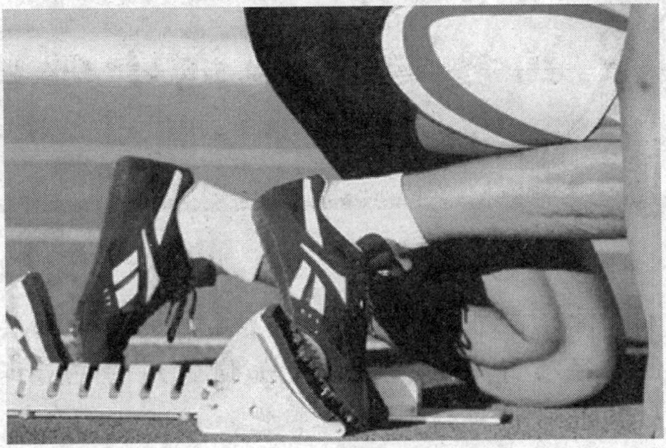

起跑器

机动电流图的装置。这种装置属于一种感应系统，一般安放在运动员鞋底或者以绷带形式绑在运动员的脚腕上。它通过脚对踏板施加的压力来增加力量和弹性。有了高科技的帮忙，短跑成绩肯定会比以前大幅度提高，你们说对吗?

通过本节介绍，你知道高科技是如何在赛跑中运用的吗?

田径运动中还有哪些高科技？

除了跑步运动，大家一定还想知道在其他田径项目中，高科技是如何运用的吧。那么就让我们一起来看一下吧。

世界著名铅球运动员奥尔布里顿掷铅球时膝关节总是弯曲。原来以为这是小问题，可是后来，专家们利用高速摄像机拍下的一连串完整动作，然后用电脑对其技术动作进行分析，发现这是他力量损失的主要原因。

运动服装

小知识

鲨鱼装

大家或许从电视上看到过穿着连体紧身“鲨鱼装”出现在赛场的澳大利亚游泳运动员伊恩·索普。他穿的“鲨鱼装”1999年10月才获得国际泳联批准，可以在比赛中使用。这种泳衣覆盖面大，能将运动员从脖子、手腕到脚踝全都包得密不透风。泳装的质地经过特别处理，外表像鲨鱼皮一样光滑，其表面分布着上百万个微小的“鳞片”，可以化解水中的涡流。根据测试，“鲨鱼装”在水中比普通泳装可减少阻力7.5%，提高成绩3%。在奥运会上，不少著名选手都身着这种泳衣亮相泳池，引发了一波又一波的夺金浪潮。

所以他便根据电脑分析的结果进行了技术矫正。在矫正动作后一个月，他就成为了世界冠军，并创造了21.85米的世界纪录。

类似的还有美国的链球选手戴夫·麦崔奇依照计算机的诊断结果改进技术，4年多的时间里成绩提高了近10米，并创下了全国记录。

许多优秀的运动员的服装都是由某些大公司专门提供的，这些公司为了提高运动员

奥运史上第一个马拉松冠军

的成绩也费尽心思呢。比如说男子 100 米世界纪录保持者格林的服装就是由一家公司组织了一些空气动力学专家参与设计。为了减少空气对人体的阻力，在设计时还进行了风洞实验，收集了大量的相关数据，最终研究出一种抗阻力径赛服装。

新服装有很多独特之处，首先是在脖子周围有一个像围巾一样的“流线型罩”，它的作用就是使空气顺畅地流经脖子周围，以减少空气阻力。其次，新服装还把影响气流的鞋带藏到了鞋里面。最后，还将产生较大空气阻力的肌肤裹起来，而且通过不同部位用不同的颜色来保持大腿的温度稍高一些。此外，新服装的接力手套不仅色彩醒目而且由防滑材料制成，可以防止在接力比赛中

人与空气的较量

掉棒。这种服装真可以说是田径历史上划时代的产品。

“斯沃奇”是一个奇怪的名字，不了解的

准确计时使体育比赛成绩更公正

人肯定不知道它是干什么用的。它呀，是瑞士的科学家发明的一种高科技全自动电子计时设备。

“斯沃奇”不仅能清楚地显示出运动员的分段成绩、平均速度、准确地计时、计分，而且具有前所未有的通讯功能。除此之外，“斯沃奇”还向观众推出“比赛冲刺显示系统”，当第 1 名运动员冲过终点 15 秒左右，运动员的成绩就会在体育场的大屏幕上显示出来，正式的冲刺照片很快就能传导至数据中心。“斯沃奇”使得现代比赛更加公正，也使得参赛运动员更加放心。

“斯沃奇”曾经在亚特兰大奥运会上大显身手。在当时男子 100 米的精彩角逐中，英国的优秀运动员克里斯蒂由于抢跑而犯规，但他抢跑的动作用肉眼几乎无法分辨，他本人也都没有感觉到，可他脚下的“斯沃奇”计时装置却精确地显示出来了，这样他只得服从裁判的决定，放弃了决赛权。

小问题

说一说本节介绍了几种高科技的手段，它们分别有什么作用？

SHAONIAN KEPU REDIAN

田径运动中有哪些科技内容?

在前面的介绍中，大家已知道了，田径运动比赛是包括奥运会这样的大型综合性运动会中的重头戏，可谓得田径者得天下。可是，田径运动可不是我们想像中的那么简

跳 高

栏上飞人

单，只要体格健壮就能取得好成绩。事实上，田径运动不但需要高科技来帮忙，而且其中还包含有很多科学道理，读了下面的文章你们就知道啦。

在体育课上训练短跑时，会用到起跑器。起跑器就是为了在短跑中充分发挥两脚的后蹬力量，从而能快速起动而设计的，用和不用的效果可大不一样。起跑器的使用方式有三种，拉长式、接近式和普通式。每个

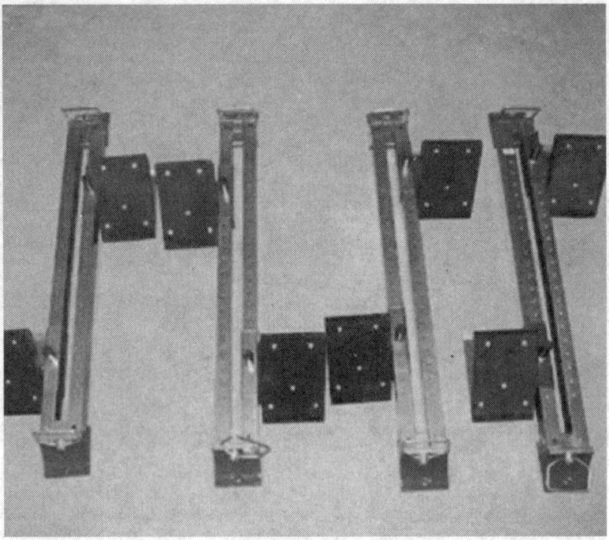

起 跑 器

人应该根据个人的身材和习惯来确定用哪种方式。例如普通式是把前起跑器放在距起跑线后沿一脚半处，后起跑器距前起跑器也是一脚半左右，前后起跑器的左右间隔为 15 厘米。前起跑器与地面的角度为 45 度，后起跑器与地面的角度为 75 度，这样对于取得好的短跑成绩很是关键。

在跳远运动中，运动员同样只有采用科学的技术性动作，才能在比赛中发挥出最好的水平。现在很多运动员都采用一种走步式跳远技术。走步式跳远技术要求运动员在跳远过程中先轻松自然地助跑，并在助跑的最后几步突然加快速度，再施展最优美的跳板

起跳技术和腾空技术，跳出最远的距离。为什么走步式起跳技术能帮助运动员跳得更远呢？经过科学家研究，运动员在比赛中要发挥出最好成绩，必须依靠一种爆发力。爆发力能让运动员在一两秒之内突然达到最佳竞技状态。运动员如果在比赛时使助跑速度由慢到快，并在起跳的那一瞬间加大到最快速度，就能使他们的爆发力

小知识

怎样才能跳得远

要想跳得远，就必须跑得快，跑不快的人很难跳得远，这是肯定无疑的，但跑得快的人也不一定能跳得远。这是因为，快速助跑，必须与强有力的起跳密切结合，才能使人获得必要的腾空时间和腾越的远度。因此，助跑和起跳是决定跳远的两个基本条件，光跑得快，跳不起来的人是很难跳得远的。

跳远比赛

在关键的时刻释放出来，从而为他们在赛场上取得最好的成绩。

在掷铅球课上，老师都会教我们，出手角度要略小于45度，这样才能取得好的成绩，原来这也是有科学道理在里面的。弹道力学实验证明，物体发射角度为45度时，射程最远。但那是在真空中进行实验的，而且发射点和落地点在同一水平面上。而我们掷铅球时，铅球的出手点和落地点不在同一水平面上，出手点高于落地点；同时铅球在空中飞行，还要受到空气阻力的影响，所以铅球的出手角度一般在38～42

度左右，这样才能掷出较远的距离，田径运动中的其他投掷类项目也是同样的道理。

铅球比赛

在跑动中突然加速

小问题

普通式起跑器应该如何安装才能有利于起跑？推铅球时，铅球的出手角度为什么要略小于45度？

什么是撑杆跳高？

大家都知道什么是跳高运动，但对于撑杆跳却比较陌生。其实呀，撑杆跳也是一种跳高运动，它和普通的跳高一样，都是田径比赛中的田赛项目。它和普通跳高的区别，就是运动员在进行撑杆跳时，手中多了一根长长的竿子而已。我们现在就介绍一下撑杆跳的关键器材——撑杆。

撑杆起着传递力量、积蓄能量，使运动员越过一定高度的重大作用。而撑杆的弹性、重量和长度，更是运动员能力发挥的关键，因而也成了研究人员探究的核心。在撑杆跳运动中，撑杆的改进已经经历了木杆、竹竿、金属杆、玻璃纤维杆等 4 个阶段。现在世界上一些著名的撑杆跳运动员，已经能够跳过 6 米多的高度。也就是说，他们一下能跳过两层楼那么高。这真是令人难以置信。

在撑杆跳高史上，日本运动员曾称雄一时。1932 年，日本选手西田修平奇迹般地越过 4.30 米的高度，获得亚军。接着又

撑杆跳高

在柏林奥运会上夺得银牌和铜牌。其中很重要的原因是日本有着丰富的竹资源，当时世界优秀撑杆跳高选手无一例外地都使用日本加工出来的具有很高强度和韧性的竹竿。

1942年，美国选手瓦马塔姆以一种新型的竹竿创造了4.77米的好成绩，成为竹竿撑杆的最后辉煌，而从那以后，竹竿在世界纪录中便失去了昔日的光彩。第二次世界大战的战火使竹源中断，迫使欧美各国不得不开发轻质合金的金属撑杆。这种金属杆直径均匀、不易弯曲的特点胜过竹竿，但是这种

小知识

高空弹跳

跳高是从下往上跃，而高空弹跳却是从上往下跳，也叫蹦极。高空弹跳起源于澳洲北部的一个小岛Pentecost，每位成年男子到18岁必需通过成年礼的考验，当地居民用竹子筑成高塔，然后用树藤绑于脚上，从竹塔顶端跳下，礼后即可受到众人的礼赞而成为真正的男人，由此延伸而成为高空弹跳之起源。此礼已经成为当地主要的观光特色。由于现代人疯狂的创意，将此礼延伸而发明了高空弹跳。

撑杆跳高

抗弯性能好的杆子在插入插穴时会产生很大的冲击力，要求运动员必须练出发达的上肢肌肉，因此，新的撑杆跳高世界纪录虽有更新，但十分有限。

真正使撑杆跳高纪录腾飞起来的是玻璃纤维杆。虽说玻璃纤维杆的弯曲性能刚出世时并不理想，但它的风姿却出乎意料地迅速

席卷全球。从此，撑杆跳高的成绩突飞猛进。仅1962年至1963年，世界纪录就被刷

杆上风姿

新4次，共提高26厘米。世界撑杆跳高名将布勃卡，正是用玻璃纤维杆越过了6米大关，他认为，要再提高运动成绩，必须再研制新的撑杆。

近年来，一位体育器材制造商已成功地研制出了一种更为先进的石墨–玻璃纤维合成杆，就是在撑杆里加入石墨纤维和少量玻璃纤维。这种杆质地轻，坚韧可靠，弹性好，而且最大的优点是它不像玻璃纤维杆从一端到另一端只能均匀地弯曲。这一特殊结构可使运动员握杆更高、更容易地把力量用在杆尖，增加弹力，石墨–玻璃纤维撑杆，将为运动员再创世界纪录助一臂之力。当然啦，玻璃钢撑杆也包括很多的型号，运动员可以根据自身的体重、力量和速度等选用最适合自己的撑竿。

为什么说石墨–玻璃纤维竿更有利于跳高运动员取得好成绩?

运动鞋可以安上“弹簧”吗?

对于运动员来说，拥有一双好的运动鞋是非常关键的。但大家知道运动鞋可以安上弹簧吗？下面就给你们介绍运动鞋的一种新设计。

现在市场上出现了一种新的跑鞋，它的特点就是采用了弹性立柱设计，如同在鞋底安上了小弹簧，让你步履轻盈。

Nike Shox 系列运动鞋

Nike Shox 系列运动鞋

据设计这种跑鞋的工程师介绍，这一系列跑鞋跟部装有减震腰挂系统。这一系统与过去的气垫系统相比，可以说是一次技术上的飞跃。借助像弹簧一样的弹性泡沫材料制成的 4 个立柱，新款运动鞋不仅具有气垫的缓冲作用，而且还能够提供推力呢。

为了使运动鞋既符合人体生物力学的要求，同时又能够承受人们在穿着过程中天长日久的磨损，研制人员进行了好多年的试验。随后，研究人员又着手根据不同运动项目的需要设计了此系列跑鞋中的跑鞋、篮球鞋和全能鞋。

其实这种将弹簧引入鞋的设计想法远在 1 个世纪以前就已经存在了。已经去世的哈佛大学应用力学和生物学教授托马斯·麦克马洪首先提出了“协调”跑道的想法，他的意思就是在跑道中加入减震材料，用来提高速度并减少运动员的受伤机率。麦克马洪教授认为，或许我们可以利用弹簧把普通运动鞋变成可协调的运动鞋。新式跑鞋的设计者正是在 1984 年听取了托马斯教授的建议之后，才将这一想法运用到运动鞋的设计制造中的。

小知识

新式跑鞋

许多制鞋厂商以及运动科学实验室都在推出新的鞋底设计。例如越野运动鞋中的 4 层复合鞋底设计：硬橡胶外层鞋底提供牢固的抓地能力，塑胶衬板提供扭曲支持和保护，软垫层用于缓解外界冲击，而硬塑胶鞋跟则给脚踝提供了充分的稳定性。这些设计可以使跑步者在崎岖的林间小路上获得更多的支撑和稳定性。

事实上，1984 年制成的第一个新鞋样品与其说是运动鞋，不如说更像一种中世纪的刑具。试验证明，其巨大鞋跟上安装的钢制

新款跑鞋会给运动员增添更多的动力

弹簧既笨重又缺乏稳定性，更糟的是人们在穿着时感到这些弹簧还可能透过鞋底刺戳他们的脚掌。这样的鞋子谁会买呢？必须选择其他的材料。

在那之后，研究人员又相继引入许多不同的材料进行试验，包括玻璃纤维和碳素纤维等都在试验之列。但遗憾的是，这些材料都在反复的试验中发生了断裂或破碎。直到1997年，研究人员在冥思苦想之后才最终找到有效的解决办法：在两层弹性塑料板之间夹入垂直的弹性立柱。这一设计所使用的关键材料是氨基甲酸乙基泡沫材料。这种材料非常坚固耐用，如果落到坚硬的表面上就会高高弹起。其实这就是新运动鞋背后的设计理念：弹性立柱遇到外界冲击而压缩，而后当它们恢复原有高度时，爆发的反弹力就会将穿着者推向前方。这一设计理念在这种跑鞋的设计中被发挥得淋漓尽致。新式跑鞋安了4个约2.5厘米高的弹性立柱，形成一个方形矩阵，它们为穿着者提供了强劲的弹力。

设计人员为了精益求精，他们在实验室利用影像进行的初步研究发现，当篮球运动员在场上进行高强度运动时，新款运动鞋的弹性立柱表现得不够稳定。于是研究人员缩短了支柱的长度，在其内侧加刻划痕使它们能在受压时向内部弯曲，同时还加固了顶层和底层的衬板，并在鞋的后部增加了一条连接两层衬板的皮带。

他们设计的全能运动鞋又综合了篮球鞋和跑鞋的特点，其弹性立柱高度适中，而且比跑鞋的支柱略粗一点。同时，设计人员还设计了大小不同的支柱以适应不同大小的运动鞋。只需改变弹性立柱的大小和形状，更换具有不同特性的衬板，新式运动鞋就会有完全不同的表现。工程师们最近就正着手试制一种微型支柱，以便为前脚掌受到的冲击提供缓冲保护。

弹性立柱设计的新型运动鞋是如何被研制出来的？它有什么特别之处？

刘易斯的跑鞋有什么特殊之处？

“百米飞人”刘易斯在田径赛场上连创佳绩，令世人震惊。他为什么能够取得这么好的成绩呢？除了他确实很有实力、技高一筹外，刘易斯脚上的那双特制的轻盈而坚固的陶瓷鞋钉跑鞋，也使他如虎添翼。所以高科技是他取得好成绩不可缺少的重要的原

新款跑鞋

新款跑鞋

因。跑鞋发展到今天已不是一般的日用品，而是高科技与人体运动力学原理的完美结合。

根据科学家的研究，每当我们跑出一步，那只着地的脚所承受的重量是体重的3倍。这就是说，如果体重是45千克，每跑一步，着地的那只脚便要承受135千克的重量。

所以，跑鞋选择不是简单的事，而是一门高深的学问呢。跑鞋最重要的部分是鞋底，特别是中底最低层叫外底，中底是鞋身与外底之间的一层。专家们认为高科技跑鞋具有三大特色：一是极佳的避震功能，穿着时备感舒服和安全；二是具备“回输”的功能，能释放吸震时储蓄的能量，使运动员感到省力轻松；三是附着力强，运动员易于控制，保持正确姿势，避免滑倒。

新一代跑鞋相比过去的跑鞋来说，在结构上有了革命性的突破，表现在哪些方面呢？比如说它的鞋底是由马蹄形的气垫后跟和各种适应脚不同部位和不同运动的花纹组成。什么叫气垫后跟？也就是鞋跟中央位置装有一个小巧的风琴形气垫，利用气垫吸震并同时吸收能量产生反弹力，压力增大，反弹力也相对增加，而原来的防震后跟只有吸震功能，所以从这一点上，气垫后跟就大大改进了一步。新型气垫后跟内的气垫可以根据运动员体重、脚型和运动需要的差异进行更换，并且气垫有着不同的密度和型号。这可是设计人员经过长时期的不懈努力才最终设计出来的，这种新式跑鞋也会在科技革命

百米飞人刘易斯

美国人卡尔·刘易斯是短跑和跳远世界锦标赛以及奥运会的冠军，从参加奥运会到退役，共取得过9枚世界冠军奖牌，享有“百米飞人”的美誉。

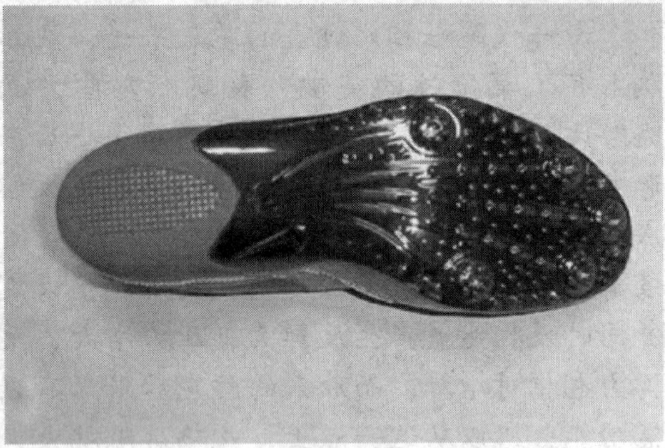

耐克公司为刘翔设计的专用跑鞋

的浪潮中不断完善。

在墨西哥奥运会上，有设计者带给盛会一件秘密武器——带发条的一双跑鞋。这种跑鞋的鞋底呈波状，装有扭成“S”型的钟表发条。谁知开赛前国际田联突然宣布禁止使用任何特殊结构的跑鞋，结果这一秘密武器未显身手便化为泡影。

在慕尼黑奥运会的前夕，又有跑鞋设计者将鞋钉前端制成圆柱型，以取得最佳摩擦力。有点运动常识的人都知道，鞋钉在土跑道上的最佳摩擦力通常是通过调整鞋钉长度而获得的。但在全天候跑道——塑胶跑道上，多长的鞋钉最好呢？这个问题连国际田联也一时解决不了。

在田径运动中，运动员起跑时较容易滑倒，因此要求鞋与跑道的摩擦系数必须控制在0.8左右；但一般跑鞋鞋底和跑道的摩擦系数只有0.4~0.6，因此需要靠鞋钉来增大摩擦系数。当时日本设计师迫切希望圆柱鞋钉的跑鞋能投入实际使用，但日本队却固执地认为鞋钉会扎入跑道而拒不采用。而在那次奥运会上，美国队的跑鞋上却采用了圆柱型的鞋钉。

后来一家公司用陶瓷鞋钉替代了传统的铁钉，为短跑巨星刘易斯制造了一双轻盈坚固、便于加速的跑鞋。由于陶瓷耐磨且钉子周围无任何附粘物，因而使鞋的重量减轻了20克。同时还针对刘易斯跑步的特点，调整了鞋钉的方向和位置。刘易斯在汉城奥运会100米跑、200米跑、跳远和400米接力赛上

制作新式跑鞋的技术含量越来越高

跑鞋在竞赛中起着越来越重要的作用

所穿的跑鞋都是根据不同项目和场地特点而分别专门设计的。这家公司共为刘易斯制作了250双比赛用鞋。先进的设计、高科技的运用，无疑成为刘易斯名垂青史的十分重要的因素之一。

小问题

新设计的高科技跑鞋有哪些特色？为什么说高科技是刘易斯名垂青史的重要因素？

你知道游泳比赛泳装的秘密吗？

科学研究表明，水的阻力大约是空气阻力的800倍。也就是说，要减少相同的阻力，在水中要比在空气中困难得多。两名体型、推进力相同的选手，在100米自由泳竞赛中，如果其中一个人的阻力能减低1%的话，他用的时间就可加快0.15秒，换句话说，他就能领先30厘米。因此，泳衣的选择对夺取金牌起着十分重要的作用。世界各国都在积极研究与设计“低阻力泳装”，以尽可能减小游泳者与水的摩擦力。

科学研究表明，水中的阻力与水的密度、游泳者的正面面积、摩擦系数、游泳者速度的平方成正比。显然，对于选手来说，水的密度完全相同，要取胜即加大速度意味着必须设法减少正面面积和摩擦系数来减小阻力。日本一位游泳名将曾提出不穿衣服游泳可以创造最好的世界纪录。但事实并不是这样的。荷兰人曾对此做过对比试验，证明不穿泳衣的平均阻力比穿泳衣还大9%。其实道理很简单，穿游泳衣可遮住身体的凹凸

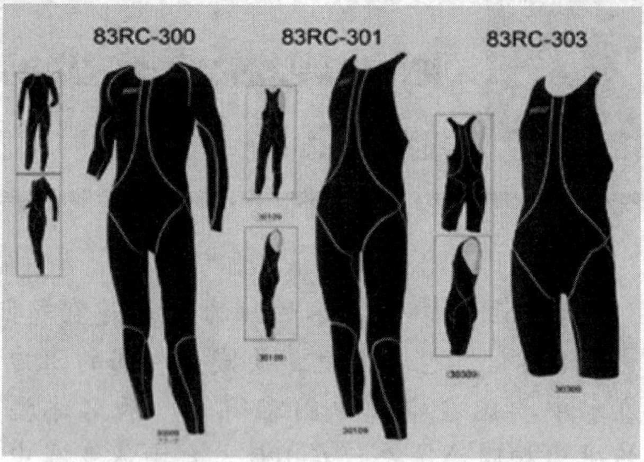

鲨 鱼 装

使之趋于流线型，水阻力引起的身体变形也可得到一定程度的减少。

首先，泳衣拉力强度要大，以使泳衣束紧全身，减少正面面积；同时剪裁越呈现流线型，阻力就越小。其次，泳衣要有适度的伸缩性，使选手肢体能随意伸展，而不能妨碍肌肉的运动。第三，要使水不会从泳衣表面进入，又要使进入泳衣的水能顺利流出。第四，使用质轻料薄、表面光滑的材料，以减少阻力，同时给人以接近肌肤之感。

日本前泳坛高手前烟秀子穿的游泳衣曾是丝绸做的，但效果并不特别令人满意。

自 1950 年起，尼龙泳衣开始在世界游泳界流行。这种泳衣可随身体自由伸缩，尤其是经线方向更易伸长，因此在胸褡的地方衬入了橡胶层，也是为了减少阻力。1964年东京奥运会的游泳衣，质地厚，胸部承受很大的阻力。然而，这种设计到1968年的墨西哥奥运会之后就因为它的一些弊端，而被很多游泳运动员放弃了。

1972年慕尼黑奥运会时，一种毛线泳衣出现了，这种泳衣只在一个方向上有伸缩性，这种设计主要是针对水易于从皮肤和泳衣交界处流入的特点，且背部裸露很大。这相比以前的设计可是很大的进步，阻力得到进一步减少。

1976年，在蒙特利尔奥运会上，游泳衣再展新容。美国杜邦公司1974年生产的一种双向伸缩的聚氨脂纤维，促成一种不用胶

奥运会游泳选手

小知识

不会打湿的游泳衣

应用高科技的这种游泳衣可以抑制99%的水分的吸收，从而始终保持干燥。新式游泳衣防水的秘密是在于采用了一种新的高弹力织物原料，它可以对水产生排斥作用。并且，它光滑而有弹性，可以减少人在水中的阻力。

层的游泳衣面世。泳衣反面用的就是纵横两个方向都可伸缩的聚氨脂纤维，它能防止衣服伸长时从缝中流入过多的水，性能得到飞跃性提高。

日本人在1984年洛杉矶奥运会上的游泳衣，取消了胸前的大太阳标志，肩带和胯部的裁剪也做了改进，性能又有提高。1988年在汉城奥运会上推出的游泳衣，质地薄，表面光滑，伸缩性能好，与水的阻力比过去的游泳衣减少了10%。

目前，科学家正在研制一种具有鱼类皮

肤特点的超能力的游泳衣。进行这项实验的科学家认为，鱼类与海豚的身体表面，能分泌出滑溜溜的黏液，可减少水的流体力学阻力。那为什么泳衣不可以这么设计呢？所以他们构想，新式的泳装可以从帽子到裤子设计成一个整体，在泳装表面涂上一种分子量为400万的高分子化合物。当泳装与水发生摩擦时，高分子化合物剥落，阻力便减少了。实验数据证明，这种泳衣阻力值较一般泳衣减少10%。由此推算，100米自由泳约可缩短2秒时间。高科技泳衣的不断出现，将为游泳健儿们超一流水平的发挥提供有力的支点。

显微镜下的鲨鱼皮泳装

游泳比赛

通过本节的阅读，说一说近年来出现了几种材料的泳装？

足球赛场上有高科技吗？

在众多体育运动当中，如果让全世界的人们打分决定哪一种是最受关注的运动，其结果必然是足球。因此足球被称为“世界第一运动”。足球运动的魅力，远在任何其它体育项目之上。足球成为一种热情、激情、进取精神、精湛的球技、民主作风、审美意识和冒险精神融为一体的有非凡影响力的运动，还能促进一个国家经济的繁荣、发展。和传统赛场相比，当今的足球场上有着越来越多的高科技因素，从足球的设计、裁判的装备，到赛场布置都体现了足球与时代精神的结合。

在 1998 年的法国世界杯足球赛上，使用了一种“被赋予了高科技魔力的足球”。球的内部有一层合成泡沫，上百万个微气泡对外力撞击的反应更加平稳，反弹力更大，因而球的速度也更快，更容易踢出弧线、突然下沉等妙球。这种“魔球”是借助高速摄像机和机器人来研制的，能保证每个球都击中同一个目标，从而使得球的性能更加稳定，

足 球 场

更有利于球员对球进行控制。踢足球时下雨是不可避免的，为了克服雨天带来的不便，一种用合成材料制成的与水绝缘的足球被发明出来，无论在水中浸泡多少时间，其重量和弹性均能保持不变。这样的足球在雨天踢起来就爽多了。

在足球比赛中，裁判的作用非常重要，他的一个误判就会断送一个球队的命运。随着高科技的发展，未来的足球裁判将会采用一些最新装备从而使得他们能够快速、准确地判球。

首先，裁判戴着有液晶面罩的头盔，在这种面罩上能够看到比赛场上所发生的一切情况，并且可以将过去的动作倒回来重放。

在裁判两鬓处装有微型摄像机，因此还可以将镜头拉近，观看细微的局部。头盔上靠近嘴唇的地方装着一个具有收听与播放双重功能的麦克风。边线裁判也有类似的装置，所以他们可以直接对话，不必跑来跑去了。

边线裁判还装备有技术小旗，它上面还

小知识

机器人足球赛

在斯德哥尔摩举行过一场别开生面的足球赛——机器人足球赛，充分体现了高科技的魅力。赛场上，机器人一边用摄像机、传感器观察情况，一边马上根据其体内存储的资料做出判断，或者带球，或者传球。它的驱动系统相当复杂，其电池部分是较为紧凑的微型结构，以提高工作效率。由于具有人体肌肉特点的薄片状驱动装置，它能够灵活机动、长时间在赛场上活动。观看过的人都对目前机器人的发展水平惊叹不已。

足　球

有一个称为“震虎器”的按钮，只要一按，裁判佩戴的接收器就发出了颤音，像手机在接受信息时会发出声音一样。并且，裁判“哨音”也会消失，在裁判的腰带上装有一个小小的按钮，它能发出极为响亮的声音，赛场内外的人都能听到。

而比赛的计时器是一个可以精确到百分之一秒的计时小装置，它同场上的大屏幕相连，所有的人都能清楚地知道离比赛结束的时间还有多长。在罚任意球时，从这个小装置的腕带上发出的激光，还可以准确地测量球员与球之间的距离是否合乎规则呢。

按照目前的足球规则，当球的整体完全超过球门线时，就算进了球。实际上，由于肉眼的局限，裁判很难完全准确地判断是否真正地进了球，因而会造成误判。现在科研人员正在研究在门柱内一定距离处安装上一个特殊的感应器，感应器发出的射线刚好挡住球门，形成一条“进球线”。当球越过进球线时，感应器能够马上鉴别出来，并将进球结果传送给比赛控制中心。

在由“进球线”所划定的球门内，分布着很多“电子眼”，当球穿过“进球线”射进球门时，足球内部设置的仪器带动“电子眼”启动。“电子眼”再指示球门横栏上的

仿佛与脚融为一体的足球

手执彩旗的足球裁判

指示灯闪亮，这样现场的观众和球员就能立即得知球是否真进了。

通过本节的阅读，请你说一说，未来的足球裁判将有哪些新装备？

韩日世界杯比赛用的足球怎么变了？

喜欢足球的人都一定关注过 2002 年在韩国和日本举行的足球世界杯，因为这是世界杯第一次在亚洲举办，并且中国也是首次冲出亚洲，参加了世界杯的角逐。关于这次世界杯有很多的故事，也产生了很多新的规定，比如说所用的足球就和以前的不一样。正如著名球星贝克汉姆的评论中说的，这种新球的性能要比传统足球的性能好得多。下面要介绍的就是这次世界杯比赛所用的足球。

首先是足球的外表皮所用的材料发生了变化，新的比赛用球在其制作上，集中了各种先进技术，在材料纤维的编织方法上下了很大的功夫。

足球的外表皮采用了微泡混合塑料人工皮革。这种皮革是高密度浓缩了空气气泡的材料，能使球员踢出的球保持准确的轨迹。此外，新球采用人性化设计，改变了以往材料纤维编织非常密实的做法，而采用像编织围巾那样的方法，使球既有强度，又柔软舒

新式比赛用球

适。这种改进将会大大减少比赛场上足球伤人的现象。

实际上，这种比赛用球如果能普及的话，业余足球爱好者也会高兴得跳起来，从此以后，他们顶球时脑袋不会那么痛了，而大力开球也会变得更加容易。

还有就是新足球的外观设计及其形象发生了变化，它改变了 1998 年法国世界杯之前一直使用的几何学三角形图案，代之以截然不同的具有亚洲风格的流线型设计。

外在形象的变化是这次世界杯用球的最

大特点。1970年墨西哥世界杯以来，世界杯用球就一直设计为黑白相间，但球一旦旋转起来，就完全变成了一团黑色，因此不受球员的欢迎。从1978年阿根廷世界杯开始到1998年的法国世界杯，比赛用球一直采用几何三角形的图案。

韩日世界杯比赛用球

小问题

足球的重量为 396～453 克，圆周为 68～71 厘米，充气的压力为 59～69 千帕。

世界杯奖杯

21世纪的首次足球世界杯赛即将在韩国和日本举行，这是世界杯第一次“落户”亚洲，比赛用球的设计者将重点放在设计思路的独特和创新上。设计以“热情奔放”为主要宗旨，设计者在听取了许多世界级足球运动员的建议的基础上，采用了流线型的具有浓厚民族特色的图案。在色彩上，使用的是充满活力的金黄色和代表力量与热情的红色。

小问题

你能概括一下韩日世界杯比赛上所用的足球有什么新特点吗？

羽毛球拍的外观怎么变了？

体育运动离不开科技，在羽毛球运动中，球拍的设计是克敌制胜最重要的因素之一，就像战场上士兵离不开枪一样，优秀的运动员也离不了好的球拍。在两个运动员实力大致相等的时候，决定胜负的条件往往就是球拍的好坏。在日常的运动中，一支好的球拍也有助于提高你的动作准确性。虽然一支好的球拍肯定价格很高，可是，它确实是我们锻炼身体和取得好成绩的必要条件。

下面，我们就来看一看羽毛球拍外观设计方面的几个奥妙之处。

首先是球拍的形状变成了加大的 ISO 形。喜欢羽毛球运动的人可能会注意到，球拍的形状不完全一样，有的呈椭圆形，有的头部为方形，这种头部呈方形的球拍的正式名字叫 ISO 拍，用过的人会发现它比椭圆形的好用。最近几年，ISO 形的弦面变得更大了，这是为什么呢？

这是因为决定羽毛球运动员能不能打出高质量球的主要因素是最佳击球区的选

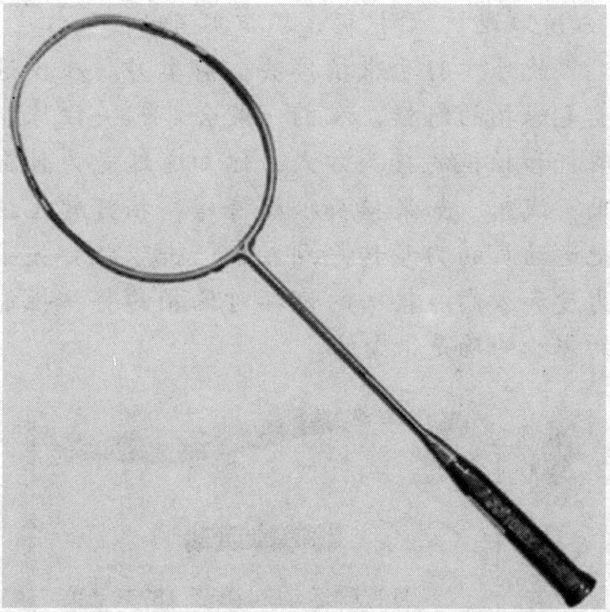

羽毛球拍框

择。而决定最佳击球区大小的是羽毛球拍的框形。ISO球拍的最佳击球区比椭圆形球拍大得多，而且位置更适当，在击球的时候，运动员能够有足够的击球威力和控制球的能力，震动感很小，感觉更舒适。ISO的设计使球拍比原来的椭圆拍形的最佳击球区增大了32%。而加大ISO形最佳击球区又比普通ISO更大一些。因此，这种外形有些古怪、不太好看的球拍在实际运用中便显示了它的优秀之处，它能使防守，特别是接杀球时压力明显减小。所以，选择羽毛球拍千万不要

"以貌取拍"，要根据是不是实用哟！

此外，羽毛球拍接头也有奥妙。在挑选羽毛球拍的时候，人们一般会非常关注球拍球杆和拍框的接头方式，你知道这是为什么吗？试想，如果接头松松垮垮，拍杆就无法把运动员的力量传导到拍框，击球就会失去力度和方向。接头的好坏对球拍的整体性能的影响的确是很大的。

小知识

羽毛球运动

羽毛球运动起源于 1873 年英国格拉斯哥郡（Gloucestershire）一个名叫伯明根（Badminton）的村落，这也是羽毛球运动英文名称的由来。起初，羽毛球运动并没有统一的形式，直至 1875 年在印度的普那地区才首次制订了羽毛球运动的比赛规则。1893 年，英国羽毛球协会成立，并重新修订和统一了羽毛球比赛的规则。1934 年，国际羽毛球联合会终于成立了，成员国包括多个国家及地区。亚洲羽毛球联会亦于 1959 年在马来西亚的吉隆坡成立。

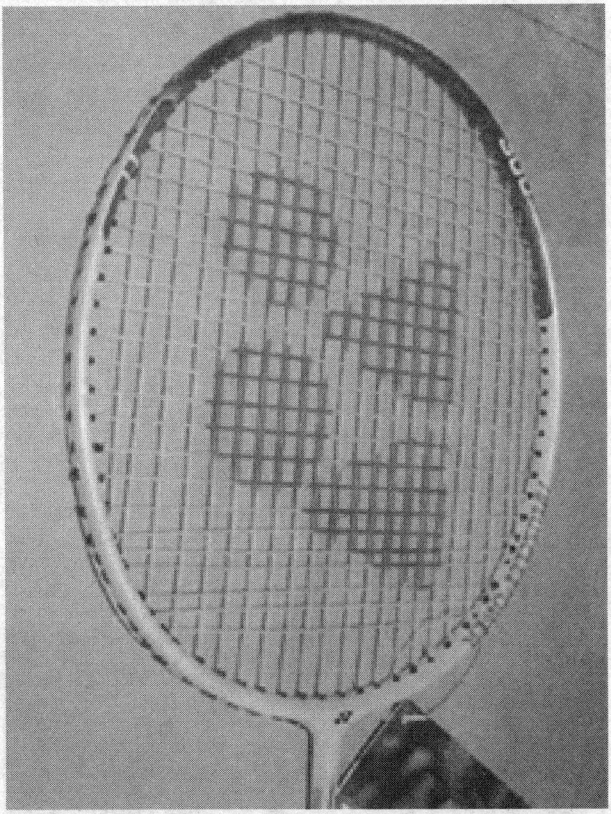

羽毛球拍头

接头从外形上看有T形和Y形两种，而从工艺上看，也分为内置和外置两种。说到这里，有些人会感到奇怪了，我家的羽毛球拍没有接头呀？球杆和拍框是一体的呀？而实际上接头隐藏在外壳里面，这就叫内置接头。比如现在常用的全碳羽毛球拍就采用了

一套羽毛球用具

内置接头。它采用高强度碳纤维制成，工艺要求很高。而在外面能够看出来的就叫外置接头，比如原来经常用的铝框球拍，但它的毛病就是比较重，容易断裂，所以逐渐被淘汰了。现在最流行的是内置接头的工艺。

目前的技术只能使极少数的球拍采取无接头工艺，因为它的造价很高，但是这样的球拍未必就比有接头的球拍更好用。这是因为羽毛球运动对击球的准确性要求很高，拍框和拍杆分开制作然后再用接头连接，这样有利于更好地控制球拍的品质，在重量和平衡点的调节方面也会更好把握一些。

请你说一说，为使运动员发挥最佳水平，ISO 形和椭圆形球拍相比有哪些优点呢？

新羽毛球拍的材料有哪些变化？

上面我们介绍了新的羽毛球拍的外观设计的变化，那么，大家一定会问：新的羽毛球拍结实吗？材料有变化吗？下面我们就谈一谈这方面的问题。

根据科学家的测试，在打羽毛球时，球与球拍的接触时间只有4到6毫秒。在击球前运动员有一个挥拍过程，球拍击到球时，拍杆也有一个弯曲和复原的过程。所以在球

羽毛球运动

拍还没有恢复原来的形状之前，羽毛球已经飞离了拍面。

根据上面的介绍，大家想想在打羽毛球的双方用同等力量的情况下，会出现什么样的情形呢？那就是拍杆越软，在击球前的挥拍过程中球拍弯曲得就越厉害，相应的击球力量也就越大。相反，拍杆越硬，击球震动球拍的力量也就越小，击球的力量也就越小了。

小知识

世界羽毛球锦标赛

20 世纪 70 年代后期，国际羽联鉴于组织的扩大、国际竞赛活动的增加，全英羽毛球锦标赛已不能满足日益发展的羽毛球运动的需要，因而决定于 1977 年在瑞典的马尔默举办第 1 届世界羽毛球锦标赛，以后每三年举行一次，但没有团体赛。1983 年第 3 届在丹麦举行，中国队第一次参加，李玲蔚获女单冠军，林英、吴迪西获女双冠军。后来国际羽联对赛事规则进行了修改，每逢单年举办世界羽毛球锦标赛。

那拍框是不是也是越软越好呢？不对，拍框正好和拍杆的情况相反。拍框的硬度越大，接触球时就越不易发生变形和扭动，越能把更多的力量传给羽毛球，同时传递的震动也越小，球就能获得很大的速度和力量。经过进一步的科学实验，也证明了上面说的结论是正确的。

既然这样，羽毛球拍的制造者就会把拍杆设计得软一些，增加对回球落点的控制性，而把拍框设计得硬一些，增加对回球方向控制的稳定性。这样的球拍对球的控制比传统的球拍要容易得多，打起来的手感也越来越好，越来越省劲，羽毛球运动也就越来越适合业余运动者的日常锻炼了。

那么羽毛球拍用的材料是什么样的呢？这是人们很关注的又一个方面。实际上，随着人类技术水平的提高，球拍材料也在不断变化。

20世纪70年代以前，羽毛球拍的材料主要是木材和钢管，70年代开始采用了铝合金，而今天则完全是新材料的世界，如碳纤维、钛合金、高强度碳纤维等。这些材料更轻、强度更高、更耐用，也能吸收更多的振动与震荡，同时球拍在硬度、球感、击球性能的设计上也有更大的发挥空间。

羽毛球比赛

在购买的时候，人们很容易把铝框碳杆的一体球拍误认为是全碳羽毛球拍。这里有个小窍门，你可以用手摸摸拍框，铝合金的导热性好，其拍框模上去是凉的，而碳框则是温的。另外，你可以感觉一下重量，铝框的拍头明显偏重一些。

现在还有一个新趋势，那就是把航天材料钛金属添加在羽毛球拍的拍头上，这种材料比一般碳素纤维坚硬两倍半，而且也并不沉重。这种金属可以使羽毛球拍拍头速度更快，使击球力量更多地传送到球上，控球能力也更好，而又不会增加拍框的重量。并且，钛还可以改善击球点不在球拍面接球最佳区域时的击球效果。这些优点得到大多数运动员的欣赏，这不，几乎所有的世界级双打选手和大多数女子单打选手都开始采用这种球拍了。

小问题

你知道为什么新式羽毛球拍的质量更好吗？

乒乓球与乒乓球拍的奥妙在哪里?

乒乓球有“中国的国球”之称，几乎每个人都能打上几拍子。我国也培养了许许多多优秀的乒乓球运动员，像当代的邓亚萍、孔令辉、刘国梁等等。所以很多人对乒乓球赛场内外发生的事情很关注，比如为什么改为大球？什么样的球拍比较好？这就是下面我们要介绍的内容。

国际乒联决定从2000年10月1日开始，

乒乓球馆

用于比赛的乒乓球将改用大球，也就是乒乓球的直径将由原来的38毫米增加到40毫米。很多人会不理解：用小球不是好好的吗？干吗非要用大球呢？

这是因为现在乒乓球技术发展得非常快，很多乒乓球运动员都身怀绝技。他们有的能把球打得很转，有的抽杀力量非常强大，有的速度非常快。球越转，速度越快，对手便越难招架，从而容易在很短的时间内赢球。这样一来，乒乓球比赛将“速战速决”，比赛双方的相持过程非常短。说到这里，大家可能还是不理解，这与改用大球究竟有什么关系呢？

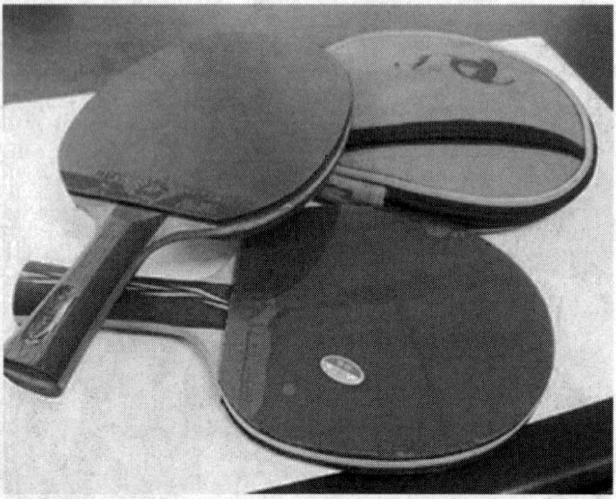

乒乓球拍

小知识

中国乒坛名将

中国选手容国团在1959年第25届世乒赛上为我国夺取了第一个乒乓球冠军。自那以后，中国队在世界乒坛上便所向披靡，中国队多次囊括世乒赛的所有冠军，其间产生了无数乒坛巨星：庄则栋、徐寅生、李富荣、许绍发、王涛、邓亚萍、乔红、孔令辉、刘国良、王励勤、王楠等。

原来，改用大球以后，乒乓球的速度和旋转都会比原先慢很多，拉球和抽球的威力都没有以前那样大，这样就不容易在一两板之内将对手击倒，比赛双方的相持时间会大大延长，从而对运动员的乒乓球基本功提出了更高的要求，也迫使他们更加努力去研究比赛中的各种战略战术。并且，比赛双方相持时间延长以后，人们可以慢慢欣赏运动员在场上的各种动作，从而使得这项运动具有了更大的可观赏性。

如果你刚刚开始学习打乒乓球的话，那

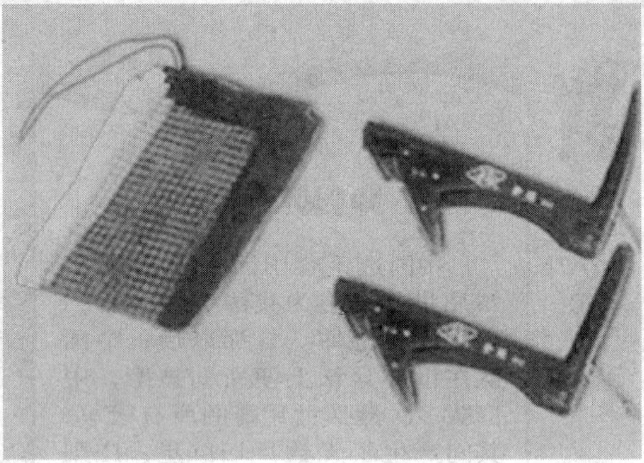

乒乓网架

么平时一定要用大球进行训练，因为小球会慢慢地被淘汰，你如果还是练小球，将来跟别人比赛的时候就会很不适应。

爱好乒乓球的人首先需要挑选一只适合自己的球拍，球拍合适才能更好地发挥运动员的特长。一般来说，球拍的差别主要在胶面上，不同打法的人需要选择与自己风格相适应的胶面。

那么，各种乒乓球拍胶面有什么差别呢？总的来说，胶面可分成正胶、反胶和长胶。

正胶是正面有凸起的一种胶面。正胶的特点是弹力好，在击球后球与球拍的接触面小，接触时间比较短，击出的球速度较快，适于进行快攻。

反胶是正面平滑的一种胶面。反胶的特

点是弹力也很好，在击球后球与球拍的接触面较大，接触时间相对较长，适于打弧圈球。

长胶也是正面有凸起的一种胶面，但凸起的长度比正胶要长得多。长胶的特性比较难以把握，在击球后对方难以了解球的速度和方向，从而容易让球碰在网上。长胶打法一般不作为运动员的主要打法，而是粘在球拍的背面，作为辅助打法。

此外，大家在挑选自己的球拍时，球拍的轻重是否适当，握着是否舒服也是应该考虑的因素。

说一说你打乒乓球的时候用的是什么胶面的球拍，它的特点是什么？

自行车上也有高科技吗?

如果给大家出一道抢答题，问“我们国家什么车最多?”，我估计你们肯定不约而同地回答“当然是自行车了”。对，我们是自行车的王国，其实，自行车不但是我们生活中不可缺少的交通工具，而且是一项极其重

自 行 车

自行车比赛

要的体育运动。奥运会赛场上有它的风姿，自行车锦标赛上更是它展现独特魅力的场所。既然它这么重要，人们当然会千方百计地改进它，使它更好地为我们的生活和比赛服务。下面就给大家介绍自行车里的高科技。

大家都知道，骑自行车时，速度越快，空气的阻力就越大。平时我们在骑自行车时，把大部分体力都消耗在克服空气的阻力上了。研究人员经过仔细分析，发现自行车后轮钢丝周围的空气呈反向流动，并形成许多漩涡，从而加大了阻力。为了改变这一现象，人们改用石墨材料制成流线型车轮，克服了漩涡现象，大大减少了空气对自行车的阻力。

科研人员还参考飞机的空气动力学设

自行车比赛

计，将车身上的螺母、螺栓等全部隐藏于车内，并用重量轻的碳纤维制成车身的骨架，它的链条挡板和内胎几乎像纸一样薄。其主梁的前叉宽度仅3厘米，这样又减少了部分阻力。这种特殊设计的自行车重量仅仅7.4千克，与我们熟知的自行车几乎

小知识

场地自行车比赛

在被称为“圆形场地”的赛场上，自行车运动员全身装备齐整以后，看起来都跟《星球大战》中的机器人似的。而场地赛中采用的自行车只配有一个齿轮，无闸。但是这些技术和器材却是经过多年的改进才获得的，目的只有一个，就是让人把自行车骑得越来越快。1984年洛杉矶奥运会上，出现的新技术和新器材特别多，其中包括首次出现了没有辐条的碳素轮胎。1992年巴塞罗那奥运会上，英国选手鲍德曼就是凭借赛车技术上的提高为英国获得了自1920年以来的第一枚金牌。鲍德曼的自行车为全碳素材料，总重量还不到9千克，并且很多部件都采用了空气动力技术。

大相径庭，被称为“超级自行车”。

设计人员还把车把安放在非常靠前的位置，使车手们俯身骑车时，臀部高高地撅在空中，这样能够减小风的阻力，往往能把成

场地自行车比赛

自行车运动员在夕阳下的风采

绩提高不少。美国车手还将穿上改良的比赛服，这种服装的缝合处是根据气流原理设计的，可以降低摩擦。这种比皮肤还光滑的服装也许能把成绩提高 1 到 3 秒。借助这些秘密武器，美国运动员在 26 届和 27 届奥运会 100 千米自行车团体赛中取得了很好的成绩。

小问题

请你说一说“超级自行车”有什么特点？

你知道"卡丁车"运动吗？

现在很多人都喜欢汽车，无论是收集它的图片还是模型，都是一种美的享受。更有许多小汽车迷，不能开上真的赛车，就在电脑或游戏机上过把赛车瘾。马达轰鸣，战车疾驰，你追我赶，风驰电掣，简直刺激极了。下面我就给你们介绍一种现在流行的赛车，那就是卡丁车。开卡丁车可以健身，锻炼人的胆量，被称为勇敢者的运动。

"卡丁"这个词来源于英文"karting"。卡丁车起源于欧美国家，是一种微型敞蓬赛车。卡丁车中也隐含着种种高科技，这是因为卡丁车的制造，涉及到机械、电子、钢铁、化工、石油、玻璃等数十个行业。卡丁车的学名叫 F-4 赛车，起源于20世纪50年代，由于它具有很显著的特点，在欧美大陆、前苏联和东欧地区，卡丁车运动发展可迅速了。

卡丁车一般有休闲和比赛两种，两种车的区别就是最高速度不同，比赛用车的最高速度每小时可达 160 千米，左脚刹车，右脚

油门，操作十分简单。卡丁车的魅力在于它比较安全，身高1.5米以上的男女老少都可以参加，驾驶容易，上车就能开，不需要驾照，车手可以尽情享受休闲、娱乐、健身的乐趣。当你坐上车亲自体验一下，听到发动机的轰鸣，你将会找到一种前所未有的快感。虽然令人心惊，但是只要严格按照赛车规范驾驶，一般没有什么危险。

或许你的梦想就是当一名赛车手，体验风驰电掣的感觉，开卡丁车可以帮助你实现你的梦。卡丁车运动是世界流行的赛车运动，也是培养职业赛车手的摇篮，我们熟悉的众多F－1赛手像塞纳、舒马赫、威廉纽

卡　丁　车

小知识

F-1车赛

F－1汽车赛的全称为国际汽车联合会一级方程式赛车世界锦标赛。这项运动遍布全世界，从东欧到西欧，从北美到南美，还有亚洲的日本和大洋洲的澳大利亚，每年都有赛事。F－1赛车是世界上使用高科技最多的汽车，用最先进的电脑帮助设计车身和发动机，车身由航空材料制成。这个项目投资巨大，一支车队通常有50～150位成员，每年耗资都在千万美元以上。2004年，在上海已经建成了我国第一个F－1赛车场，并于当年举办了第一场F－1比赛。

夫、希尔、普罗斯特等都是从卡丁车入门而成为世界顶级车手的。

卡丁车结构十分简单，由钢管式车架、转向系统脚蹬、油箱、传动链护罩、车手座位和防撞保险杠等组成。卡丁车操作简便，车手戴上防护头盔和手套，只须记住左脚刹车，右脚油门，方向盘是1:1转向，即可驰骋赛场。卡丁车底盘很低，离地仅4厘米，跑道光滑平整，使车手会感到风驰电掣，加上发动机的轰鸣，能感受到平时所体会不到的乐趣。一旦滑出跑道，卡丁车会自动熄火停止前进，不会翻车，从而保障了车手的安全。

卡丁车也是一项极具魅力的户外休闲运动。这项流行于欧美的无车厢微型敞篷赛车，没有风挡，能获得高于实际车速2~3倍的感觉，特别是弯道上能产生3~4倍于重力的横向加速度的超速感，让你尽享追风逐电的快感。当你驾车奔驰在赛道上，那种紧张和心跳的刺激妙不可言。驾驶卡丁车可以锻炼反应灵敏度，并对大脑、眼睛、手脚及身体其他部位进行很好的协调，是锻炼勇

卡丁车比赛

卡丁车运动

敢精神的最佳选择。卡丁车是赛车运动中最省钱的一种，具备所有赛车运动的基本内容，并且卡丁车结构简单、操作灵活、安全性好，相信越来越多的人愿意体验这项运动。它价格比较低，大众阶层都能消费得起。每逢双休日，一些青年人纷纷奔向卡丁车赛场，在蜿蜒起伏的赛车道上风驰电掣地过把瘾，简直爽极了。亲爱的读者，心动不如行动，还不赶快去体验一把？

小问题

卡丁车和其他赛车相比有哪些特点使它成为都市新运动？

什么是科学的体育训练方法？

运动训练是学校体育教学的延伸，虽然它仅仅是其中很小的部分，但它的内容却相当广泛，包容了医学、保健、心理等很多方面的内容。所以，要搞好运动训练，不仅要

晨 练

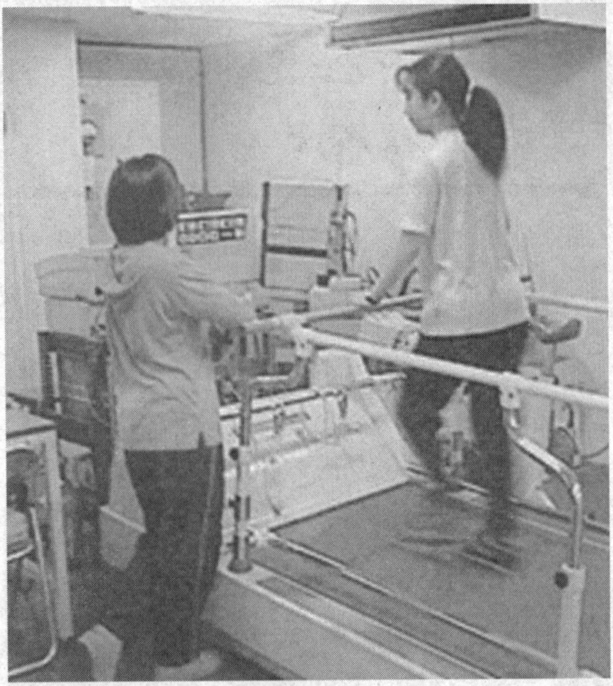

体育训练

求我们要掌握运动训练方面的知识，还要掌握其他相关知识，这就比普通体育运动要难得多啦，下面我就向大家介绍几种常见的训练方法。

体育训练的长短，因不同的人和运动项目而有所差异。如果训练安排不当，不但会对日后成绩的提高有不利影响，严重时甚至会损害到参与者的健康。

特别在训练的初期，参与者应当时常留意身体对运动的反应，如果有异常疲劳、食

跳　绳

健 身 操

欲不振或睡不安宁等情况，就要检查是否进行得过急、过多。参与者还必须养成良好的作息习惯，以确保有足够的休息和睡眠时间，使机体能尽快恢复疲劳。此外，由于参与运动会使能量消耗有所提高，因此要注意饮食，使身体得到充足养分的补给，以免出现营养不良或影响训练。

最后，就是要预防运动创伤的发生，“循序渐进”始终是参与运动训练的首要原则。

说到训练，大家大概都听说过高原训练。高原训练对于田径运动员提高成绩有明显的作用。“马家军”取得金牌的秘诀之一就是高原训练。在高原训练中一般应该根据运动员的机能状态水平，利用小周期训练来提高强

度的积累量，用滚雪球的方法，逐步培养竞技能力。以有氧训练为主，先慢后快，坚持大运动量，这样的高原训练将是比较成功的。高原训练的周期可以安排5至6周，也可以是4到8周，一般分为有氧训练阶段、提高能力的混氧阶段和有氧混氧为基础接近比赛的实战阶段。通过三个冲击波来实施，

运动负荷阈

训练中的“运动负荷阈”是指刚刚能引起机体产生训练适应的最小负荷强度。即低于这个阈值的负荷，将不会产生应有的训练适应。对于刚开始训练的新手，运动负荷阈一般相当于现有的最大负荷能力的30%。而高水平运动员的运动负荷阈可高达本人现有最大负荷能力的70%。在锻炼实践中，应该主要根据自己的体质和健康状况及已有的运动能力，来摸索和把握这个阈值，这样才会有较好的训练效果。

跑步是极好的健身运动

就是把量练上去，再调下来，再提高强度，比赛时冲上去，采用递增负荷反复三次。每个阶段的间歇也不一样，间歇通常是 2 至 3 天。间歇时采取登山、慢跑 4 千米、小型比赛或全休的方式调整，然后运动员就将到赛场上一展风采了。

在体育锻炼中机体出现疲劳现象是很自然的事，但在正常情形下，这类疲劳经过 12～24 小时后便应该逐渐消失。但如果训练计划安排失当，例如忽略了训练与恢复的配

登　山

合，使运动员在疲劳的状态下继续承受大强度运动量的刺激，已经疲劳的机体便难以得到恢复，超量补偿将无法达成，运动员也可能出现衰竭的现象。如果仍然坚持训练下去，就会形成过度训练状态。而且，只要造成过度训练状态的原因仍然存在，运动员便难以从中恢复过来。过度训练的明显后果是运动员的工作能力及运动成绩下降，在这之前，

体育训练

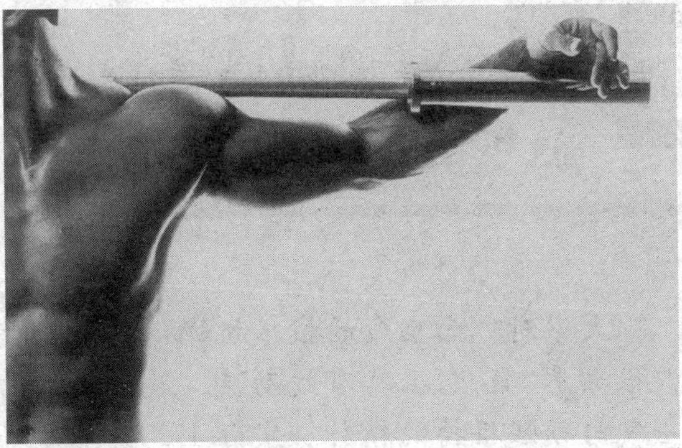

借助简单器械健身

甚至会出现失眠、食欲不振、大量出汗等现象。

说一说，过度训练对于运动员有哪些害处？

你懂得“向生命的极限挑战”的意义吗？

大家对“向生命的极限挑战”这句话大概很熟悉吧，它很具有鼓动性，鼓舞我们的士气与顽强拼搏的精神。实际上，它不是一句简单的口号，而是一个重要的运动科学的课题。在这节里，我们将介绍关于这个领域内的话题。

极限运动——轮滑

直升机蹦极运动

人类体能的极限究竟有多大？对于这方面的研究，始终是现代运动科学的一个尖端课题。运动生理学家经过大规模的科学研究与论证，初步认识到人体组织与各种运动有

重大关系，如肌肉的运动能有多快、人体能产生多少能量、肌腱和骨骼能承受多少压力等等。他们的研究表明，在许多运动项目中，

极限运动

跳 高

物理学和生物学的基本定律主宰着人类体能的极限。在当代激烈的竞技运动场上，科学技术的运用使人们不断认识规律、掌握规律，从而不断向生命的极限冲击。

早在20世纪60年代，人们基于对地球引力的认识，根据当时2.26米的世界跳高纪录开始了跳高极限的讨论，得出了“跳高成绩不可能无限增长，应有人类竞技极限值”的“跳高极限论”，得出了人类跳高极

跳高的极限是多少

限是 2.40 米的结论。

1970 年我国跳高运动员跃过 2.29 米高度，创造了当时的世界纪录，在长达 8 年的时间内才将高度增长了 3 厘米。运动生理学家由此得出结论：离极限越近，运动员创造纪录越困难，时间间隔也越长。世界科技浪潮的汹涌澎湃，使各国体育科学家在训练、助跑、起跳、姿势、运动服装及跳鞋等方面进行了改革，传统的“跨越式”、“俯卧式”渐渐被先进的“背越式”所代替。男子跳高的世界纪录又向前迈进了。

20世纪80年代，中国运动员朱建华分别在1983年、1984年两次打破世界纪录，跳出了2.37米和2.39米的好成绩。1989年7月29日，古巴黑人运动员索托巴约尔奋力一跃，跳过了2.44米的横杆，世界室外跳高新纪录诞生了。从2.26米艰难地升至2.44米，经过了30年的漫长历程。到目前为止，已有6位运动员跳过了2.40米的所谓极限高度。

小知识

极限运动

极限运动是指人类在与自然的融合过程中，借助于现代高科技手段，最大限度地发挥身心潜能，向自身挑战的体育运动。它除了追求竞技体育超越自我生理极限“更高、更快、更强”的精神外，更强调参与和勇敢精神，追求在跨越心理障碍时所获得的愉悦感和成就感，同时，它还体现了人类返璞归真、回归自然、保护环境的美好愿望，因此已被世界各国誉为“未来体育运动”。

赛　跑

20世纪80年代中期，国外有的专家根据历年来世界田径运动成绩的进展情况而预测到2000年田径世界纪录，男子100米最高成绩9.79秒，最低成绩9.91秒，平均成绩9.84秒；男子跳高最高成绩2.50米，最低成绩2.39米，平均成绩2.45米；男子撑杆跳高最高成绩6.11米，最低成绩5.92米，平均6.04米；女子100米，最高成绩10.49秒，最低成绩10.75秒，平均成绩10.66秒；女子跳高，最高成绩2.16米，最低成绩2.11米，平均成绩2.14米。科学的预测是建立在科学技术发展的基础上的。

现代科学技术在竞技体育运动中的广泛渗透，先进的科技成果在竞技体育运动中的广泛运用，促进了竞技运动水平的提高，也推动着人类不断向自身生理极限提出挑战。

秒　表

马拉松运动有广泛的群众基础

第一个突破跳高极限高度的是谁？之后又有多少个跳高运动员突破了这一个高度？

“兴奋剂”有什么危害？

在目前进行的各个大型国际比赛之前，都要对运动员进行药物检查，检查他们是否服用了比赛禁用的药品。如果被检测出服用了违禁药品，不管你是哪个国家的运动员，一律驱逐出比赛。这里所说的违禁药品就是

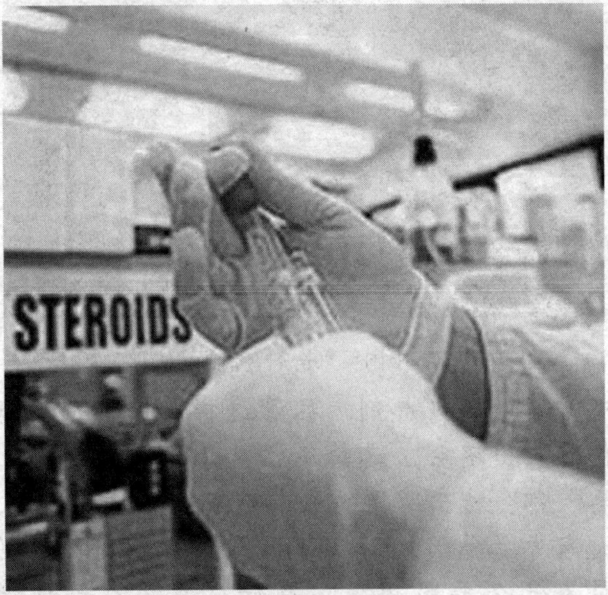

兴奋剂检测

中国反兴奋剂宣传画

通常所说的兴奋剂。尽管这样，兴奋剂问题仍然层出不穷，屡禁不止，几乎每次大型比赛，都会传出所谓的兴奋剂丑闻。讲到这里，大家肯定会问，到底什么是兴奋剂呀？运动员为什么要服用？它有什么危害？如何检测呢？

兴奋剂一词来源于英文的“dope”，意为使用毒品、兴奋剂。兴奋剂包括两大类型：心理兴奋剂和“增强剂”兴奋剂。

心理兴奋剂包括可卡因、安非他明及其衍生物和其他合成天然混合物，它们当中有咖啡因或阿拉伯茶碱；另外还有其他一些缓

1988年韩国汉城奥运会兴奋剂丑闻

在那届奥运会上，除加拿大的本·约翰逊外，服用兴奋剂的还有：保加利亚获56千克级举重冠军的格拉勃列夫、保加利亚的孔切夫，为此，保加利亚举重队全部退出比赛；匈牙利的100千克级举重银牌获得者安多尔·斯托尼，匈牙利举重队也全部退出举重比赛；澳大利亚的亚历山大、瓦特森和西班牙的豪尔赫·格萨达也因服药而被取消现代五项的比赛资格。国际奥委会主席萨马兰奇发表讲话，称这一事件是对奥运会和奥林匹克运动的打击，对服用兴奋剂运动员的惩罚证明国际奥委会坚持体育比赛公正而廉洁的立场是坚定不移的。

性刺激物，如茶、咖啡；可在一定剂量下使用的非抑制性麻醉品，如酒精和大麻素。这些药物可刺激大脑，使大脑的活动过程加快并产生良好的效果，可以减轻疲劳、饥饿、干渴和困倦的感觉。

“增强剂”兴奋剂包括蛋白合成类固醇、

兴奋剂检查

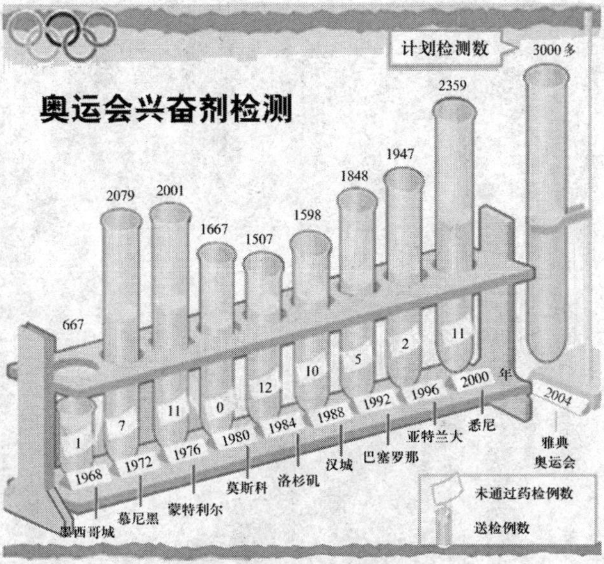

历届奥运会兴奋剂检测结果

生长激素、促红细胞生长素以及其他药物。这类药物有两方面的作用。一方面，它们能起到雄性激素作用，使身体的第一性征和第二性征出现，这一作用是运动员想尽量避免的；另一方面，这类药物能够改善体能，增强肌肉，活跃中枢神经。它们的作用主要是促进循环和利用人体组织所需要的物质，以供其发育和再生，这是运动员需要的。但是，上述药物的作用是在非自然的情况下进行的，运动员如果长期服用这类兴奋剂，就会逐渐对其产生依赖性，使得人体组织自身不能再制造某些有用物质。换句话说，运动

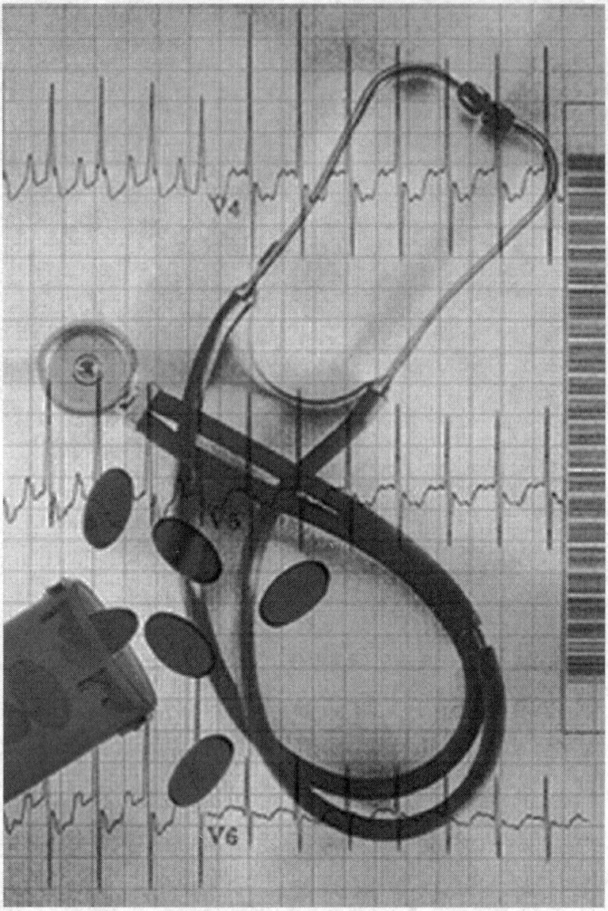

兴奋剂的使用为人类敲响了警钟

员的身体就成了兴奋剂的奴隶。

滥用药物的历史可上溯到公元前，古罗马斗士就使用过兴奋剂。自从产生赛马和赛狗运动以来，给动物服用兴奋剂的问题就出现了。

现在，兴奋剂已经泛滥到职业和非职业的竞技体育中，又进入了为身体健康和改变体形而进行的强化体育活动之中。在20世界60年代，曾发生过两起自行车运动员因服用苯丙胺类药物而丧生的严重事件，震惊体坛，并迫使国际奥委会做出决定：自1968年第19届冬季奥运会起，对运动员一律进行药物检查。

那么，某些运动员服用兴奋剂的动机是什么呢？因为兴奋剂是一种刺激类药物，它使运动员在受到药物刺激的情况下，达到强烈的兴奋状态，从而在比赛中超水平发挥。并且，服用兴奋剂实际上是一种逃避现实的做法，希望不花大力气就取得很好的成绩，应该为人们所唾弃。

而且，服用兴奋剂对运动员的身体非常有害，因而有人认为兴奋剂的正确叫法是“滥用药物”。这些能使运动员超常加力的物质并非一般人所想像的可以改善运动员的体能，而是消除他们机体内所发出的报警信号，如疲劳、疼痛等感觉，这些信号告诉运动员是该停止运动的时候了。长期服用这类药物，其结果是悲剧性的。无论是运动员的突然崩溃或死亡，还是大脑和心血管系统及其他器官的慢性损伤，都与服用心理兴奋剂有关。

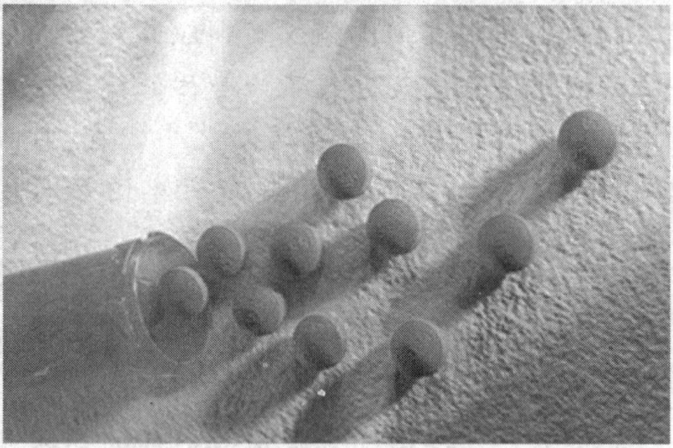

兴奋剂危害人的身体健康

兴奋剂包括哪些类型？为什么说运动员服用兴奋剂是有害的？

第三篇
体育锻炼与健身

体育锻炼与健身的好处是什么？

大家肯定经常听到家长和老师强调，体育锻炼是有好处的，要我们坚持体育锻炼。但究竟体育锻炼有什么具体的好处，它对我们身体各个系统的发展到底有什么样的影响呢？实际上，体育锻炼对我们的运动系统、心血管系统、呼吸系统和神经系统都有重要的影响。

运动系统是由骨、骨连结和骨骼肌组成。首先，体育锻炼中，全身肌肉都不同程度地参与活动，肌肉中的毛细血管几乎全部开放，血流量增大，使肌肉内血液供应良好，久而久之，肌肉对蛋白质等营养物质的吸收与贮存能力不断增强，肌纤维逐渐增粗，肌肉体积逐渐增大，肌肉自然变得更加粗壮、结实、发达而有力；其次，经常进行体育锻炼，新陈代谢得到改善，从而使骨骼的结构和性能发生变化，如骨密质增厚使骨变粗，骨小梁的排列根据拉力和压力的不同而更加整齐而有规律，骨表面肌肉附着的突起增大，使骨骼变得更加粗壮、坚固，并使

体育锻炼

骨的抗断、抗弯和耐压的性能得到提高，更重要的是，对于正在长身体阶段的青少年来说，经常锻炼能促进骨骼的生长，使身体增高；最后，经常进行体育锻炼，可以增强关节周围肌肉和韧带的力量，使关节变得更加牢固；同时，关节的柔韧性和关节周围肌肉、韧带的伸展性也得到提高和改善，从而扩大了关节活动的幅度，这样可以减少各种外伤和关节方面的疾病。

心血管系统由心脏和血管组成，经常进行体育锻炼，使得心脏血液供应良好，组织代谢加强，可以使心壁增厚，心肌收缩力增强，心脏的重量、体积增加，心脏的容量逐渐加大，这样就提高了心脏的机能，也就是说心脏变得更加好用了，供血能力加强了；血管是血液流通的渠道，经常进行体育锻炼，可以使血管壁的弹性增加，血液流动的外周阻力减少，这样血液循环的质量得到了提高，

健康心脏

一般成年人的心脏重量为 300 克左右，心脏容量为 760 ~ 780 毫升，心脏每搏动一次射出的血液量为 60 ~ 70 毫升。而经常锻炼的人，心脏重量可达到 400 ~ 500 克，心脏容量可超过 1 000 毫升，每搏输出量可达到 100 毫升。安静时的心跳频率，一般人每分钟为 70 ~ 80 次，而经常进行体育锻炼的人可减少为 50 ~ 60 次，优秀的运动员还要低些。这种心搏徐缓现象，是通过体育锻炼心脏机能得到提高的表现。

体育锻炼

把人体所需要的氧气和各种营养物质源源不断地输送给各组织、细胞，同时把各组织、细胞在新陈代谢过程中产生的二氧化碳和废物运送到肺、肾、皮肤等处，排出体外。

呼吸系统是由呼吸道（鼻、喉、气管、支气管）和肺组成的，经常进行体育锻炼，能使呼吸机能增强，呼吸肌的力量增强，胸阔运动的幅度也随之增大，尽量吸气和尽量呼气的胸围差增大，胸围也增大；经常锻炼身体，呼吸系统结构的变化，也会带来呼吸机能的改善，比如说，肺的弹性好，呼吸肌的力量强，使得呼吸深度加大，从而保证了肺有足够的通气量，这样可以轻轻松松满足气体交换的需要，使得我们工作学习更加持久，不容易出现疲劳现象。

神经系统由中枢神经（脑、脊髓）和周围神经两部分组成，经常进行体育锻炼的人，大脑皮质神经细胞的兴奋性、灵活性和耐久力都会得到提高。灵活性提高了，反应也就更快了。运动员或经常锻炼的人，在运动过程中之所以比一般人表现得机灵、敏捷和动作协调、准确，原因就在这里。另外，经常进行体育锻炼的人，由于在自然环境中经常接受寒冷和炎热的刺激，因而对各种环境变化的适应能力和对疾病的抵抗能力也比一般人要强。体育锻炼不仅可以改善神经系统的

体育锻炼

体育锻炼好处多

调节机能，而且对提高人们的工作效率和学生的学习能力也起着积极作用。

好了，说了这么多体育锻炼的好处，大家应该更加懂得它的作用，应该更加积极地锻炼身体了吧？

自己总结一下，经常锻炼身体是如何使身体各个系统得到改善的？

怎么科学地锻炼身体？

体育锻炼对促进生长发育和增强体质具有重要的作用。但是，体育锻炼必须懂得科学的方法。只有全面锻炼，持之以恒，遵循锻炼规律，加强卫生保健，用科学的方法锻炼，才能获得好的锻炼效果。下面就简单给大家介绍一下科学锻炼身体的要点。

首先就是要全面锻炼，注重实效。由于青少年正处在长身体的阶段，身体形态和生理机能都在不断发生变化。所以，身体锻炼

锻炼身体

锻炼身体

不能过于偏重某一方面，而应该采取多种形式、多种方法进行全面的锻炼，使身体机能均衡、协调、全面地发展。

再者，就是不能单凭个人的兴趣和爱好，锻炼身体的出发点是使自己的身体得到全面的发展，所以要把体育课中的跑、跳、投掷、攀登、爬越等基本活动技能和其他实用性运动好好掌握了。锻炼的时候，要注重锻炼内容的搭配和锻炼部位的变换，也就是不但锻炼上肢，还要锻炼下肢，更要活动身体的躯干。除此之外，在体育锻炼过程中，还要注意意志品质的锻炼和培养，使身心两个方面同时得到发展。

另外就是要坚持经常，持之以恒。大家肯定听说过中国的一句格言，“流水不腐，户枢不蠹”，讲的是经常运动的物体不容易毁坏。其实，我们人也是这样的，人体的各个器官都是因为经常用才能保持好的状态，不经常锻炼就会出毛病。所以那些经常锻炼身体的人就会体质强壮、精力充沛。体质的增强和意志品质的形成，也不是一天两天就可

小知识

锻炼身体的方法

可选择一些增强心肺功能的锻炼内容，如跑步、球类、游泳等，对一般市民来说，只要自己处于不停地跑动跳跃的运动状态，持续30分钟左右就可以起到增强心肺功能的良好作用。每周要坚持2~3次。也可以选择那些增强肌肉力量的锻炼内容，如举重、引体向上、俯卧撑、收腹举腿、双臂屈伸等极简易的动作，只要合理安排运动量，就会有明显效果。还可选择一些娱乐游戏性的锻炼内容，如各种活动性游戏，散步，周末、节假日的远足郊游等，对于松弛紧张的工作学习后的神经，消除疲劳，获得轻松愉快的情绪，有重要作用。总之，每个锻炼者只要从实际出发，选择一项或几项简便易行的健身活动，坚持锻炼，就能得到强身健体的目的。

群众长跑运动

以完成的，“冰冻三尺非一日之寒”，必须经常不断地锻炼，持之以恒，万万不可“三天打鱼，两天晒网”，这样是没有什么效果的。所以，有的人单纯从兴趣出发，高兴了就积极参加体育活动，不高兴就不参加；或者，天气好的时候就跟着活动一下，遇上寒冷、炎热天气就不活动，这是非常不可取的。

健康首先掌握在你自己手中，行动起来吧，让我们每个人都积极参加科学健身活动，提高机体的免疫力，把自己的身体锻炼得棒棒的。

锻炼身体

器械锻炼日益成为时尚

你知道如何科学地锻炼身体吗?

长时间进行锻炼应注意什么?

除了以上的要求外，大家如果想长时间进行体育锻炼的话，还要注意以下要点。

首先是要循序渐进，逐步提高。体育锻炼对人的好处不是立刻就出现的，而是一个循序渐进、逐步提高的过程。正如俗话说的“一口吃不成大胖子”，就是这个道理。所以

运动前的准备活动

要注意以下几个方面。一是不要蛮干，不能有急躁情绪，得到一次锻炼机会，不顾身体受得了受不了，搞得自己筋疲力尽，从而失去了兴趣；二是要从自己的实际出发，学习技能时要由简单到复杂，由易到难，慢慢提高，不能盲目跟别人比，学一些自己掌握不了的技术，使自己失去信心；三是要由小到大，逐渐增加运动量，安排和调节好运动负荷，使自己的身体能够承受，稳步提高自己

运动负荷

它是指体育锻炼时身体的生理负荷量，正是运动负荷刺激身体相应部位起了变化，才使身体锻炼具有增强体质的作用。我们进行体育锻炼，必须有正常的运动负荷。太小了，就不能使机体产生相应变化，达不到锻炼的目的；过大，超过我们身体的承受范围，就会引起不良的反应，对身体健康不利。一般说来，锻炼后身体有轻度疲劳，但没有不良的生理反应，如呕吐、吃不下饭等，通过休息这种疲劳能很快消失，体能得到恢复的运动负荷才是比较合适的。

运动前的准备活动

的身体素质。

其次，还要做好准备活动和整理活动。进行体育活动之前，一般都要根据运动的目的、锻炼的内容特点和季节、气候的变化等情况，相应地活动一下身体的各个部位，这种适应的活动就是“准备活动”。它能够提高我们大脑皮层神经细胞的兴奋性，以协调各器官、系统的工作，消除生理惰性，使我们从相对安静的状态进入活动状态。做好准备活动，可以提高锻炼效果，还可以防止身体受到伤害。而结束了体育活动，要做“整理活动”，做些使身体放松和调整呼吸的动作，像缓冲性慢跑呀，随意性摆臂摆腿呀，慢节奏呼吸等等。整理活动使我们在运动过程中减少吸收的氧气得到补偿；可以使呼吸和血液循环畅通；可以消除疲劳；可以使身体由运动状态平稳过度到安静状态。

再有就是自我身体检查。这也是科学锻炼身体的一个重要步骤，就是用生理卫生知识和有关医学知识对自己的身体状态进行观察和感觉。一般正常情况，每次锻炼前自己应该是精神饱满，体力充沛，有锻炼兴趣，锻炼后很快能够消除疲劳，这是正常的。但是如果锻炼前感觉体力不佳，精神不振，缺乏锻炼欲望，锻炼时容易出汗，头晕或者锻炼后身体长时间不能恢复，就要找原因对自己进行调整了。还有，经常锻炼的人睡眠应该是良好的，食欲也很好，吃饭香甜，体重稳定，脉搏正常跳动。如果不是这样，睡不好，吃不香，体重不稳定，脉搏不正常等情况发生时，就应该及时找医生解决，然后再调整自己的锻炼计划。

所以，大家锻炼身体是必要的，但要想使锻炼身体对自己有好处，必须按照科学的方法进行。

太极拳是一种有益身心的舒缓运动

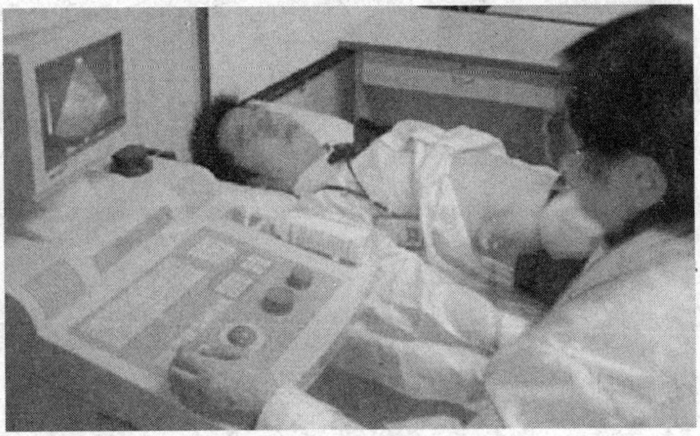

身体检查

体育锻炼前后都需要做哪些活动，它们的作用分别是什么？

健美运动有什么利与弊？

爱美是人的天性，追求健美是人们爱美的一种具体表现。人体美应该包括健康美、形体美、姿态美、仪表美等几个方面，健康的身体是形成矫健体格和优美身姿的基础。要想使人健美，必须加强身体锻炼，但是必

健美运动

可以大家共同参与的健美操运动

须采取科学的健美方法，不能盲目锻炼，只有这样才能使身体更加健康、健美。

什么是健美呢？它一般指人体矫健之美或外在之美。通常包括以下四个方面。

健康美。健康除了没有疾病之外，还得包括体格健壮，心理正常而稳定，对疾病有抵抗能力，能够较快适应周围环境。健康美就是指人在具有健康身体基础上所表现的使人产生美感的活力，如精神振奋、精力充沛、气质高雅、肌肤健康等。

形体美。主要指骨骼发育正常，身体各部分比例适度、匀称；肌肉均匀发达，皮下脂肪适度；五官端正，双肩对称，腰细结实，微呈圆柱形，腹部扁平，臀部圆满适度，腿修长，足弓高等。

姿态美。主要体现在站、坐、走、卧的姿势和动作的变化上，站就应该头、颈、躯干和脚在一条直线上，挺胸收腹、两臂自然下垂，给人一种挺、直、高的美感；行走时身体重心稍稍前倾，步伐稳健，和谐一致，平衡对称；坐就要上身自然挺直，双手放在腿上，两腿自然弯曲，两脚平行踏地；睡觉时要注意不要压迫心脏，全身肌肉放松，右侧卧比较好。

健美运动锻炼

小知识

我国古人讲究的姿态美

我们中华民族历史悠久，文明源远流长，对什么是姿态美有着严格的要求，比如“坐如钟、站如松、行如风、卧如弓”，说的就是坐就要像钟一样稳健，站像松树一样挺拔，走路一阵风，睡觉躺在那里像弓一样弯曲。这实际上就是对姿态美的形象的比喻。

仪表美。指人的穿着打扮和风度。在穿着打扮上，一般要整洁、端庄、典雅、大方；而言谈举止方面要加强自身修养，有很好的风度，给人一种舒服的感觉。

我们向往健美、追求健美是一种健康的心理和文明的行为，并且，健美不仅是个人的追求，也是良好社会风尚的一种体现。一个民族的健美风气越盛行，它也越繁荣昌盛，因为追求健美的人们中总是洋溢着积极乐观、追求美好的热情，产生一种追求健康进取的社会风尚。所以，追求健美是一个社会兴旺、国家发达的重要标志，同时也反映了人民的文明程度。

事物总有两个方面，比如说健美，不同的人的审美观也不同，对美的看法和对美的衡量标准也不同，有的人把人的正常发育看成不正常，把不正常的却看成“美”，甚至

健美比赛中展示背扩肌

俯 卧 撑

采取不科学的方法，使身体受到损害。例如，有的女生片面追求苗条，盲目节食，不吃不喝，束胸，紧腰；有的男生认为只有“半隆式”的肌肉块才是男子汉，专门选择发达肌肉的项目进行练习。这些不正确的观点和做法，不仅会影响身体的正常发育，而且会损害身体健康，是很不可取的。因此大家千万不要有上述的想法和做法。健美应该是建立在健康身体的基础上的，拥有健康的身体才是最重要的。

关于健美的错误认识和做法有哪些？如何才能达到真正的健美？

长距离运动中易出现哪些问题？

长距离运动，比如长跑，是很重要的一种体育锻炼，为了健身，大家肯定应该坚持进行。其实，在体育课或者运动会上，长跑也是必不可少的项目。在这些运动中，也应该坚持科学的方法，例如为什么有时候会出现腹部疼痛的现象？如何避免腹痛？什么是极点？它是不是正常的现象？长距离运动时

长跑比赛

长　　跑

如何呼吸？这些问题将会从下文中找到答案。

在进行剧烈的体育活动之前，不能吃得太饱，也不能喝太多的水，并且，一定要记着根据所做的运动进行相应的准备活动。如果这些方面没有注意，那么出现腹部疼痛是不可避免的。为什么呢？

如果准备运动不充分，也就是说没有很好地“预热”，人的各部分器官就不能及时从相对静止状态转向剧烈运动状态，不能为身体的运动系统输送必要的氧气和营养物质，大脑皮层的功能会暂时失调。这样，人的腹部就可能感到一些不适，或出现痉挛，从而出现腹部疼痛现象。

假如根本不做准备活动就进行剧烈运动，问题将更加严重。内脏器官无法适应剧烈运动，比如心脏的搏动水平还停留在平常的状态，不能顺利回流，这样人的肝脾短时间内会产生淤血，这也会导致疼痛。

夏季进行剧烈运动，由于大量排汗，身体内水和盐都随着汗水排出来，造成新陈代谢紊乱。炎热使人容易疲劳，会引起腹直肌痉挛，导致疼痛。

“八字脚”能跑得快吗?

跑是靠腿后蹬时地面产生的反作用力推动人体前进的。正常人跑步时，脚向后下方蹬地，反作用力是向前上方。“八字脚”，无论是内八字还是外八字，后蹬的方向是斜下方，从而产生了较大的横向分力，减低了向前上方的反作用力，也就降低了跑的速度。所以“八字脚”的人不但跑不快，而且走和跑的姿势也很不美观。

进行体育锻炼之前进行准备运动很重要

还有一个比较次要的导致运动时腹痛的原因，那就是一些慢性病患者在参加运动时，由于病变部位受牵扯、震动等刺激，也可产生疼痛。所以，运动前要进行准备活动，夏季运动要适量补充水分和盐分。

长跑的时候，由于内脏器官的惰性，使氧气的供应暂时落后于肌肉活动的需要，肌肉活动产生的大量代谢物得不到及时排出，因此跑一段时间后，就会不同程度地出现胸部发闷、呼吸困难、脸色苍白、四肢无力、跑速下降，身体特别难受，甚至产生难以继续跑下去的感觉。对这种现象不要感到紧张。其实，这是一种完全正常的生理现象，叫“极点”现象。

这时候，大家一定在想，既然“极点”现象让人这么难受，是不是出现“极点”现象以后就必须停下来，不能再跑了呢？这种想法是不对的。当极点出现后，一定要以顽强的毅力坚持跑下去，这时候可以加大呼吸的深度，适当调整跑速，极点现象就会得到缓解，身体机能也会明显好转，人们把这种

铁人三项运动员必须科学地克服“极点”

长跑时注意自我调节呼吸

现象叫做“第二次呼吸”。极点的克服，不仅是提高训练水平和锻炼效果的过程，而且是培养意志品质和克服困难的精神过程。

在长跑比赛中，有人紧闭嘴巴用鼻子呼吸，有人嘴巴微张，还有人张大嘴巴呼吸。但也有人呼吸舒畅自如，跑得非常轻松；而有的人却上气不接下气，跑得非常吃力。所以在长跑时掌握正确的方法呼吸是非常必要的。

有一点生理卫生常识的人都知道，我们的鼻子是呼吸的门户，它有一套净化、调节空气温度的“设备”，鼻腔中的鼻黏膜分泌的黏液，能阻挡和吸附灰尘以及某些有害物质，对空气有过滤、净化作用。所以，在一般速度较慢、持续时间也不太长的长跑中最好只用鼻子呼吸。

但是，如果跑的时间和距离较长或速度较快，由于体内对氧气的需要量不断增大，小小鼻孔吸入的空气已经不能满足身体的需要。这时候，就需要动用我们的嘴巴来协助鼻子进行工作。也就是说，需要口鼻并用进行呼吸。口鼻并用的方法可使吸入空气成倍

长跑运动

长跑运动注意呼吸节奏

增加，从而可缓解体内对气体需要量的矛盾。在进行口鼻并用呼吸时，应当注意呼吸的节奏，可两步一呼，两步一吸，或者三步一呼，三步一吸。同时，跑步时嘴巴要微微张开，不能大张，以便于吸入的冷空气在口腔中略微变暖后再进入肺部。

极点现象和腹部疼痛现象是一回事吗？哪个是长跑运动中不可避免的？

为什么说武术是具有中国特色的健身运动？

许多人最爱看的就是武术片了。看着霍元甲战胜东洋武士，看着李小龙的精堪武功，肯定充满了向往。实际上，武术并不是单纯为了格斗，更重要的是它是一项健身运动，就像那些练武的人所说的，练武的目的是为了强身健体。下面就介绍一下这项具有我们中华民族特色的健身运动。

武术运动起源于原始社会，人们为了生

武术表演

武术运动

存和发展已经开始用棍棒等原始工具做武器同野兽进行斗争，从而创造了各种徒手和持器械的技能。后来人们为了互相争夺财富，便把这些狩猎技能演变成为各种徒手或持器械的武打、争斗技术。由于武术技能在过去的军事战争中用得上，普通人强身健体用得上，使一个国家强盛也用得上，所以被各朝各代继承发展下来。特别是武术技能在民间的广为流传和发展，使得武术内容更加丰富多彩，形成各种不同特点、不同流派的武术

集体武术表演

套路，这就是武术片里面所说的各个门派。发展到今天，武术运动已经成为世界性体育活动，而且还是一项国际性体育比赛项目呢。

武术是中华民族的宝贵文化遗产、中国之“国技”，是东方文化的一颗明珠。它年深日久，源远流长，扎根于祖国大地。作为一种民族文化和强身的独特运动，早已享誉世界。

在长期的发展过程中，中国武术的发展

经过了由简单到复杂，由低级到高级，以及“百花齐放、百家争鸣”，去糟粕存精华的历史演变过程。在历史浩瀚的长河中，武术也自然浸透了中华民族的自豪感、民族的心理气质等诸多因素，深受中国传统哲学、美学、中医学、军事学、伦理学、宗教学、文艺学、社会学、经济学等深刻的影响。千百年来，经过道家、僧人、各种儒侠和民间武林高手的增删，中国武术中招法更加丰富实

小知识

武术派别简介

中国武术运动内容丰富，流派众多，被公认的，即源流有序、拳理分明、风格独特自成体系的拳种多达 129 个。武术的基本内容可分为拳术、器械、对练、集体演练和攻防技术五种主要类型。在基本练功形式中，拳术的种类最多，包括长拳、太极拳、南拳、形意拳、八卦拳、通臂拳等几十种不同风格的拳种，每个拳种有若干拳系和套路。

武 术

用，使世界上任何搏击术相形见绌。而其中神奇的功夫和种种特殊的功法，更是在世界搏击界独树一帜。可以说，中国武术是中华民族的智慧结晶。

武术有个重要的功能就是强身健体，经常坚持武术锻炼能够有效地增强体质，这也是为什么越来越多的人选择武术作为健身的手段。大家早起去公园锻炼，看到白发老翁慢慢地打太极拳，还有练习长拳的、舞剑的等等都是武术运动。更有许多人报名参加各种武术培训班，充满了对武术的热爱。

武术为什么能够强身健体呢？这是因为，武术中的各种拳法、腿法对爆发力及柔韧性要求较高，特别是各个关节活动范围较大，对肌肉韧带都有很好的锻炼作用。武术包含多种拧转、俯仰、收放、折叠等身法动作，要求“手到眼到”，“手眼相随”，“步随身行、身到步到”，对协调性有较高的要求，整套动作往往由几十个动作组成，并在一定时间内完成，所以能使身体各个器官系统得

武术运动强身健体

武术表演

到全面发展。练习柔和、缓慢、轻灵的拳术，如太极拳，强调以意引导动作，配合均匀深沉的呼吸，可以使浑身血脉流通，慢性病患者将太极拳作为医疗手段的效果很好，平常人也可以每天坚持锻炼，对身体也大有好处呢。而对抗性的散手、推手、武术短兵、武术长兵等竞技项目，运动激烈，除了能增强体质外，还能培养勇敢、机智、敏捷等优良性格。

武术作为东方特有的传统文化，把养生健体，修身养性与技击融为一体，成为一大特色。中国武术的一招一式，都要求势正神圆，既给人以一种美的感受，又具有很高的实战价值。所以说，中国武术不仅仅是防攻格斗的技能，还包含着东方哲理的神奇奥秘，可谓博大精深，成为举世无双的人类瑰宝。

小问题

中国武术运动是如何起源的？

你了解“高尔夫”吗？

随着中国和世界上其他国家的联系越来越多，许多西方的健身运动也逐渐引入我国。大家也许经常在电视中看到打高尔夫球的场面，下面就给大家介绍一下这个舒服优雅的有氧健身运动——高尔夫球。

高尔夫球的英文为 GOLF，G 代表绿色（Green），绿色是大自然的主色，在绿意浓浓的大自然环境中打高尔夫球是回归自然、享受自然的象征；O 代表氧气（Oxygen），有绿色植物的地方就有氧气，生命也会因此会充满生机；L 代表阳光（Light），阳光是一切生命的开始；F 代表友谊（Friendship）。优雅、舒适的有氧运动就是高尔夫球的特点，也是它的魅力所在。

现代高尔夫球运动起源于苏格兰，也有人认为起源于荷兰，距今已有 500 余年的历史。早在 15 世纪，高尔夫球运动在苏格兰已盛行，根据苏格兰历史记载，詹姆斯二世国王曾于 1457 年下令禁止高尔夫运动，因此，一般认为高尔夫球是从苏格兰发展起来

高尔夫运动

高尔夫球童

的。但14世纪荷兰古画上也有类似高尔夫球活动的画面。

英国最早成立的高尔夫球俱乐部为“绅士高尔夫球社”，还有一家1754年成立的“皇家古代高尔夫球俱乐部”，这两个俱乐部对苏格兰高尔夫球运动的发展起到了巨大的推动作用，他们制定了高尔夫球运动的规则。

高尔夫球于20世纪传入中国。1931年，上海已经盛行“小高尔夫球”游戏。同年，南京也出现了高尔夫球俱乐部和场地，但参加这项运动的人仅限于富商和外国人。1984

高尔夫运动充满生机

年以后，我国先后在广东、北京、天津等地与外国人合资兴建了多处具有国际水准的高尔夫球场，越来越多的中国人投身于这项高雅的运动中。

高尔夫球运动是在室外广阔的地面上，设 9 到 18 个穴，运动员逐一击球入穴，以击球次数少者为胜。高尔夫球场一般兴建在丘陵地带开阔的缓坡草坪上。标准球场长 5 943.6～6 400.8 米，宽度不定，占地面积约 60 公顷。场地设 18 个球洞，依次称为第 1 洞、

小知识

高尔夫球

高尔夫球是一个质地坚硬、富有弹性、乒乓球大小的实心小白球。球的最大重量为 45.93 克。按美国高尔夫球协会的规定，球的直径为 4.27 厘米，按英国的规定为 4.11 厘米。球速按美国规定不得超过 75 米/秒，英国则对球速无特殊规定。球的击球射距和滚动平均距离不得超过 256.3 米。

高尔夫球运动

第 2 洞……第 18 洞。每个场地均设有开球台、球道和球洞。以开球台为起点，中间为球道，果岭（果岭是指的高尔夫球场上的一个特殊的短草区域，上面挖有球洞，且草修剪的很平顺）上的球洞为终点。关键地段设

环境优雅的高尔夫球场

有界桩。经常练习打高尔夫球，可以在工作、学习之余休息大脑。并且，由于高尔夫球场一般环境幽雅，空气清新，能缓解大城市钢筋水泥环境给人的压抑感，充分享受大自然的好处。打高尔夫可以锻炼身体的协调性、准确性。总之，打高尔夫是一项很高雅的健身运动，随着我们生活水平的提高，这项运动会越来越受人们的欢迎。

小问题

为什么高尔夫被人们称为舒服优雅的有氧健身运动？